Maria

Rodrigo Alvarez

MARIA

A biografia da mulher que gerou o homem
mais importante da história, viveu um inferno,
dividiu os cristãos, conquistou meio mundo
e é chamada de Mãe de Deus

GLOBOLIVROS

Texto fixado conforme as regras do Novo Acordo Ortográfico da Língua Portuguesa (Decreto Legislativo nº 54, de 1995).

Os textos bíblicos citados nesta obra foram retirados da Bíblia de Jerusalém – Editora Paulus.

Editor responsável: Estevão Azevedo
Editora assistente: Elisa Martins
Preparação de texto: Jane Pessoa
Checagem: Simone Costa
Revisão técnica: Padre Élio Passeto e Dom Fernando A. Figueiredo
Revisão: Fábio Bonillo e Juliana de Araujo Rodrigues
Diagramação: Gisele Baptista de Oliveira e Diego de Souza Lima
Capa: Rafael Nobre | Babilonia Cultura Editorial
Imagem de capa: José Manuel Rodríguez/www.logo-arte.com

1ª edição, 2015
3ª reimpressão, 2015

CIP-BRASIL. CATALOGAÇÃO NA PUBLICAÇÃO
SINDICATO NACIONAL DOS EDITORES DE LIVROS, RJ

A474m

Alvarez, Rodrigo
    Maria : a biografia da mulher que gerou o homem mais importante da história, viveu um inferno, dividiu os cristãos, conquistou meio mundo e é chamada de Mãe de Deus / Rodrigo Alvarez. - 1. ed. - São Paulo : Globo, 2015
    il.

ISBN 978-85-250-6151-5

1. Maria, Virgem, Santa - Biografia 2. Cristianismo. I. Título.

15-26027   CDD: 232.91
                                                            CDU: 232.931

Editora Globo S. A.
Av. Nove de Julho, 5229 — 01407-907 — São Paulo — SP
www.globolivros.com.br

A todas aquelas que,
como Maria,
melhoram este nosso mundo
com seus amores de mãe.

Sumário

Introdução 09

A vida de Maria

1. O sacrifício em Jerusalém 21
2. O inferno de cada um 31
3. Os últimos passos de Maria 37
4. Um poeta, um reverendo, uma freira e sua
   fantástica visão 43
5. Os manuscritos da infância 53
6. A noiva prometida 61
7. O profeta e o oráculo 63
8. O cumprimento da profecia 69
9. Os perigos da gravidez 73
10. Lacunas e contradições 81
11. As luzes do parto 87
12. Adelfos 93
13. O milagre no casamento. 99

Theotokos, a mãe de Deus

14. As fogueiras de Nero 107
15. Em defesa da virgindade 111

16. Os deuses do imperador........................117
17. A virgem Pulquéria............................123
18. Theotokos....................................129
19. Cirilo e a deusa virgem.......................133
20. Maria divide a Igreja.........................139
21. As batalhas de Éfeso.........................141
22. A teimosia de Eutiques.......................145
23. O Sagrado Coração de Maria...................149
24. Contra os católicos...........................153
25. Contra Maria?...............................157

MARIA DO MUNDO
26. Não estou aqui, eu que sou sua mãe?...........167
27. Outras faces de Maria........................175
28. Dezoito vezes Lourdes........................179
29. Uma nuvem na copa da azinheira...............187
30. Segredos e profecias.........................195
31. Aparecida do Brasil..........................203

Notas..207
Agradecimentos...............................223

INTRODUÇÃO

IMAGINE. Pense no que aconteceria se um viajante numa noite de inverno resolvesse passear pelos bosques santos e atravessasse os caminhos pedregosos que levam ao segundo andar da casinha onde, pelo que sabemos, a presença de Maria foi registrada pela última vez. O que encontraria? Vestígios? Lembranças? O viajante imaginário (ou real) não veria nem um sinal da passagem da mãe de Jesus pelo lugar que agora chamam Cenáculo. "Pudera!", diria alguém a seu lado, "passaram-se quase 2 mil anos." Mas, talvez, gravada numa pedra, houvesse alguma inscrição, como aquela que foi encontrada recentemente, confirmando a existência do rei Davi. Talvez o viajante encontrasse um pedaço de cerâmica onde pudessem ser lidas as primeiras letras do nome Mariam, em aramaico ou grego, ou ainda Miriam, em hebraico, pois as três línguas conviviam naquele tempo. Quem sabe um cristão preocupado tivesse resolvido enterrar um papiro debaixo do chão da casa, e o papiro nos revelasse o dia exato do nascimento de Maria. Mais ainda: talvez o papiro pudesse nos contar quais foram os pensamentos dessa mulher tão importante em momentos inesquecíveis, como no anúncio da gravidez inesperada, na fuga apressada para o Egito ou no dia da morte de seu filho.

Possivelmente desanimado com a falta de vestígios, o viajante imaginário (ou real) pensaria em sair da antiga Jerusalém pela

Porta dos Leões, descer ao vale seco que existe logo ali na frente e procurar por lembranças de Maria aos pés de uma das oliveiras de troncos robustos onde muito provavelmente ela esteve com Jesus, preocupada com os atos desafiadores de seu filho ao poder dos sacerdotes judeus e de Roma, sem saber como tudo aquilo poderia terminar; sem saber que, bem perto dali, achariam por bem construir um túmulo onde seu corpo morto talvez jamais se deitasse, pois desde os tempos em que Juvenal foi o patriarca da Cidade Santa sabe-se que seus restos mortais não estão ali dentro.

Ao longo do caminho, surgirá talvez um religioso dizendo que Maria não morreu como nós morremos, e que, por ser quase divina (talvez ele evite a palavra *divina*), foi elevada aos céus. Mas isso, como muito do que se diz sobre Maria, foi escrito tardiamente, e seria improvável que o viajante entendesse como um testemunho. Pois até mesmo cristãos — muitos, aliás — duvidam de afirmações tardias sobre Maria, sem que, por serem chamados de protestantes, sejam menos cristãos.

As descrições que permitiriam ao nosso viajante chegar à casa onde Maria passou a infância e saber onde brincava também não aparecem no livro sagrado que une católicos, ortodoxos, luteranos, presbiterianos, anglicanos e todos os outros que fazem parte do que chamamos cristianismo. Fato é que as chuvas chegaram, a poeira do deserto baixou e quase não se encontraram pegadas daquela mulher judia que, sem perceber, mudou a História; a mulher que continuamos procurando.

Mas nem tudo está perdido.

Uma inscrição na pedra, encontrada no século passado pelo frei franciscano Bellarmino Bagatti, leva nosso viajante depressa a Nazaré, a cidadezinha que não tinha muito mais do que vinte famílias no século primeiro, cravada na subida de uma montanha não muito longe de um lago tão grande que o chamam de mar, o Mar da Galileia. Ali o viajante vai se sentir em solo mais firme ao encontrar o que é provavelmente a referência arqueológica mais antiga ao nome de Maria. Até onde se sabe, a única mensagem dessa época que viajou intacta até o nosso tempo (pois os Evangelhos, sabemos, não nos chegaram intactos). Ali, se tiver a sorte de conversar com o frei italiano-brasileiro Bruno Varriano, guardião do santuário, será informado de que, algumas décadas depois da morte de Jesus, nas paredes da casa onde os católicos rezam acreditando ser a casa dos pais de Maria, um viajante muito antigo deixou as inscrições Χαίρε Μαρία, que em grego significam "Alegra-te Maria", palavras que as escrituras afirmam ter sido ditas pelo anjo Gabriel naquela mesma montanha de Nazaré.

Não chega a ser uma pegada firme. Alguém dirá que é um vestígio posterior à vida de Maria. Mas não deveria nos causar espanto o fato de o viajante concluir que, mesmo tão admirados dos feitos do filho de Maria, os homens de seu tempo não tenham perguntado a ela onde nasceu, quais eram os nomes de seus pais ou como foi sua infância. Pois, que se perdoe a objetividade, não há provas que nos permitam afirmar que os pais de Maria realmente se chamaram Ana e Joaquim. Certamente houve quem fizesse a ela essas perguntas tão importantes, mas não eram escritores e não se preocuparam em registrar detalhes que seriam extremamente relevantes para as gerações futuras, que a chamariam de Nossa Senhora, mãe, Virgem Santíssima, Santa Maria, minha mãezinha e, ainda antes, Bem-Aventurada, pois, como ela própria haveria dito ao anjo, Deus fez grandes coisas em seu favor.[1]

Agora recostado à sombra, distante do calor do deserto, na cadeira dura de uma biblioteca pública, o viajante descobrirá que o primeiro a escrever sobre Maria foi Paulo, o apóstolo que muito provavelmente não a conheceu em vida e se referiu a ela como a "mulher" que gerou o filho de Deus. E isso aconteceu provavelmente nos anos 50 (logo depois da morte de Jesus), pois estima-se que foi nessa época que Paulo — primeiro algoz, e mais tarde, santo — escreveu brevemente sobre Maria em sua carta aos Gálatas.[2] Foi preciso esperar mais uma ou duas décadas para que o autor do Evangelho de Marcos, por volta do ano 70, resolvesse que era hora de falar de Maria mais uma vez. Primeiro sem nomeá-la, numa situação que pode ter sido constrangedora, quando alguém anuncia que Maria, aparentemente preocupada, procura Jesus no meio da multidão e ele responde em tom de discurso que sua mãe e seus irmãos são aqueles que o seguem. Se o viajante fechar os olhos e, no silêncio da biblioteca, voltar no tempo, imaginará o nome de Maria sendo escrito pela primeira vez num pergaminho sagrado pelo autor do Evangelho de Marcos, quando ele relata um episódio em que os judeus da sinagoga querem desdenhar do pregador que lhes fala. "Não é ele o carpinteiro, filho de Maria, o irmão de Tiago, de José, de Judas e de Simão?", são as palavras que aparecem na versão que, depois de muitas cópias e possíveis alterações, chegou até nós.

Os evangelistas não eram biógrafos mas, como o viajante descobrirá ao folhear as escrituras, foram ficando mais detalhistas com o passar dos anos. E o nome de Maria começou a ser tratado com mais importância e carinho. O Evangelho de Mateus, o segundo na ordem cronológica, conta a tensão que Maria viveu durante a gravidez, quando lhe apareceu o anjo, quando o noivo José estranhou aquela situação improvável e "resolveu repudiá-la em segredo".[3] O Evangelho de Lucas finalmente dá a atenção que se poderia esperar à jovem que, acredita-se, recebeu a importantíssima missão de fazer cumprir a profecia feita setecentos anos antes de seu nascimento pelo profeta Isaías. Lucas faz quase noventa referências a Maria. E é ele quem nos conta grande parte de seus supostos diálogos.

Entre as seis menções que a Bíblia cristã faz a momentos em que Maria se expressou com palavras,[4] registra-se o curto diálogo com seu filho durante o casamento mais famoso dos últimos dois milênios: "Eles já não têm vinho".[5] Alguém cuidou também de escrever as palavras que ela teria dito à prima Isabel depois de sair de casa grávida, com medo de contar sobre sua barriga inesperada ao futuro marido, e viajar longa distância da Galileia à Judeia. Foram palavras tão bonitas que se achou por bem chamá-las de canção e dar-lhes o título de *Magnificat*. "Minha alma engrandece o Senhor, e meu espírito exulta em Deus meu Salvador porque olhou para a humilhação de sua serva", teria dito Maria à prima que, ao sentir o filho, o futuro João Batista, estremecer de alegria em seu ventre, reconheceu-a como "bendita entre as mulheres".[6]

Sabemos também de uma conversa que não teve testemunhas, mas que nos foi contada com muita delicadeza no Evangelho de Lucas — a conversa de Maria com o anjo que lhe chegou de surpresa anunciando a gravidez na qual só depois de algum espanto ela acreditou, dizendo: "Eis aqui a serva do Senhor. Faça-se em mim segundo a tua palavra".[7] É nesse único texto que encontramos mais da metade das referências bíblicas à vida de Maria.

O viajante pode procurar abrigo agora na parte mais escura da biblioteca, onde está praticamente sozinho, para ler alguns pergaminhos, que viraram livros, que viraram sermões e que nos dão pistas sobre os caminhos percorridos por Maria, antes e depois da morte de Jesus. Encontrará pequenos fragmentos de uma conversa aqui, de outra ali, terá notícias de algumas viagens importantes, de alguns acontecimentos dos quais os estudiosos duvidam, ficará sabendo de uma história contada por fontes não cristãs e que termina com uma terrível acusação de adultério, até que, mais calmo, aliviado, se deliciará com um livro proibido, que muitos esperavam que tivesse sido queimado na mesma fogueira em que se queimaram tantos outros, sobre a infância santa de uma menina que foi deixada no Templo, longe dos pais, até que sua menstruação chegasse e os sacerdotes resolvessem encontrar um marido para ela.

Mas, atendo-se aos fatos, como detetive, jornalista ou historiador, o viajante poderá fechar os livros pesados e deixar a biblioteca pensando se realmente sabemos que Maria disse o que se disse que ela disse com as palavras que se disse que ela disse. E descobrirá que, para trazer Maria de volta à vida, além de bom investigador, precisará ser um escultor paciente, moldar o corpo com a massa de informações fornecida pelos apóstolos e discípulos para só então dar-lhe o acabamento esperado, ao desvendar o mosaico criado por um batalhão de teólogos, arqueólogos, historiadores, padres, bispos, arcebispos, papas, imperadores e até uma imperatriz com voto de virgindade. Só depois disso será possível construir uma biografia que tenha começo, meio e fim. E ainda assim, o viajante precisará em alguns momentos resignar-se, pois não existem garantias de que se encontrarão as pegadas que ele procura na areia seca do deserto que era romano, virou bizantino, otomano e agora, depois de inúmeras guerras, algumas supostamente em nome do mesmo deus com quem ela conversava, chama-se em parte Israel, em outra parte, Palestina, e numa outra, Jordânia.

No século passado, naquele mesmo lugar onde alguém escreveu "Alegra-te Maria", em Nazaré, uma das igrejas modernas mais bonitas do mundo foi erguida sobre outra igreja, que havia sido construída pelos cruzados em cima de uma igreja bizantina e ao lado das ruínas da gruta escura onde se supõe que Maria viveu com José. Diz-se que foi ali perto, em cima de outra gruta (pois grutas naquele tempo eram partes das casas) que Maria recebeu a visita de Gabriel, o enviado de Deus. A gruta da Anunciação, na parte mais baixa da Basílica, é o único lugar do mundo onde se encontram, com a devida propriedade, os dizeres *verbum caro hic factum est*, com uma tremenda importância para o *hic* que nos diz que "aqui" o verbo se fez carne. E, antes que surjam os questionamentos, o viajante deve saber que o cristianismo acredita não ter sido em outro lugar, senão no útero de Maria, que o verbo se fez carne, que Deus se fez homem.

Não há um único dia em que católicos do mundo inteiro não se ajoelhem diante daquela gruta. E o viajante, possivelmente ajoelhado também, se emocionará ao imaginar que pode ter sido ali, bem na frente de onde agora tem o privilégio de estar, que tudo começou. No andar de cima da mesma Basílica impressionante, artistas de diversas partes do mundo instalaram painéis enormes e belíssimos demonstrando a magnitude da fé dos católicos de seus países de origem — Brasil, México, Japão, Canadá, Austrália, Estados Unidos e assim por diante —, sempre com uma referência à forma mais frequente com que Maria é venerada em cada um desses lugares. O painel mexicano, de tão impressionante, poderá ser o primeiro a chamar a atenção do viajante. É um mosaico de cores fortes retratando a virgem mexicana de Guadalupe. O painel português nos apresenta a Nossa Senhora de Fátima. E o brasileiro, a santinha de barro, Aparecida. Para a tradição ortodoxa, no entanto, não foi exatamente naquela gruta, mas numa fonte de água ali perto, que o anjo apareceu a Maria.

Com mais vinte minutos de estrada, o viajante chega a Caná da Galileia, uma das três cidades-candidatas a ter sido o local do famoso casamento em que, para atender a um pedido da mãe, Jesus transformou água em vinho. Uma igreja grega ortodoxa guarda dois pedaços de pedra talhada que seriam partes dos jarros onde foi armazenado o vinho sagrado, que, afinal, foi o que fez que se acreditasse que Maria é a intercessora que leva os pedidos dos fiéis até Jesus. Em cima e ao lado dos jarros antigos, há fotografias e objetos pessoais de quem pediu ou obteve um milagre.

Se o viajante esticar a jornada até a Turquia, chegará a uma casa que dizem ter sido a última morada de Maria, pois, segundo uma tradição e uma freira visionária nascida no século XVIII, ela teria morrido na cidade turca de Éfeso. Mas — como se sabe e aqui se lembra — há também em Jerusalém um túmulo no lugar que dizem ter sido aquele de onde Maria foi levada aos céus, sem que jamais seu corpo fosse entregue aos vermes dessa terra como o corpo de qualquer outro humano. Dizem, e questionam também.

Em Belém, não muito longe da famosa basílica da Natividade, onde se supõe que Maria interrompeu sua caminhada para dar à luz, existe uma gruta, onde ela teria amamentado o filho e onde uma gota de seu leite santo teria deixado as pedras completamente brancas. É para essa pequena capelinha franciscana de Belém que vão milhares de mulheres cristãs e muçulmanas com dificuldade para ter filhos, na expectativa de que, ao misturar o pó da pedra com a água que bebem, Maria lhes ajude a ser mais leiteiras e obter o benefício humano da reprodução.[8]

Na Via Dolorosa, sobre as pedras milenares da antiga Jerusalém, é muito provável que o viajante imagine Maria ajoelhada (e talvez ele se ajoelhe a seu lado), chorando pelo sofrimento do filho carregando a cruz e condenado a morrer como um criminoso. Se o calor atordoante o impedir de imaginar a cena, inúmeros quadros e painéis pelo caminho o ajudarão a imaginar aquele momento de tamanha importância não só para a vida de Maria, mas para a do viajante, seja ele cristão, judeu, muçulmano, budista, hinduísta ou ateu. Pois não bastasse a história da humanidade se dividir em antes e depois do dia em que Maria deu à luz, as mulheres muito frequentemente dividem-se entre as que seguem e as que não seguem o exemplo do que dizem ter sido sua vida.

Depois de percorrer os caminhos sagrados da Terra Santa e descobrir que, além daquela pedra talhada em Nazaré, não há muito mais do que indícios arqueológicos imprecisos, palavras santas e uma boa dose de imaginação sobre o que teria sido a história da vida de Maria, o viajante poderia fechar as páginas deste livro, dizendo "não há mais o que saber".

Pois fique sabendo você, leitor que não gosta de conclusões apressadas, que estamos finalmente chegando ao melhor da festa. É como o bom vinho guardado para o fim do casamento em Caná... Afinal, se tudo indica que Maria foi uma mulher exemplar em sua vida, se muitos cristãos acreditam que ela é a Mãe de Deus, foi depois da morte que ela conquistou finalmente os lugares mais altos dos altares das igrejas e, mais importante ainda, os corações do mundo.

Foi depois que Maria morreu que milagres começaram a ser atribuídos à sua vontade de ouvir as preces e encaminhá-las a Deus. E este livro que você acaba de comprar, ou ganhar de presente, ou que talvez tenha pedido emprestado a um amigo ou parente; ou ainda, numa hipótese não muito improvável, o arquivo de computador que alguém baixou para você numa versão pirateada na internet e que você lê agora no tablet ou no celular; enfim, este livro que você está lendo ainda guarda dois milênios de histórias curiosas, chocantes, controvertidas, irritantes, sangrentas e certamente, também, milagrosas. Não é por acaso que ele leva um subtítulo tão comprido que ocupa quatro linhas da capa: "A biografia da mulher que gerou o homem mais importante da história, viveu um inferno, dividiu os cristãos, conquistou meio mundo e é chamada de Mãe de Deus". Esteja você nessa ou na outra metade do mundo, com ou sem um terço na mão, encontre uma posição confortável no sofá, tire os sapatos se puder, pois é agora que a viagem vai começar.

A VIDA DE MARIA

CAPÍTULO I
O SACRIFÍCIO EM JERUSALÉM

QUANDO ENFIM TERMINAREM os eventos trágicos e surpreendentes desta semana histórica, além de enfrentar um sofrimento profundo pela perda do filho, Maria viverá momentos dificílimos, e não tardará até que, tomada por uma tristeza imensa, numa idade não muito avançada, tenha seu corpo deitado num túmulo para, assim como o filho, descansar deste mundo.

Jerusalém se tornará extremamente perigosa para quem quer que resolva disseminar as pregações daquele a quem até mesmo seus detratores um dia chamarão de Cristo. E não só Jerusalém. O Império Romano inteiro verá pessoas serem jogadas na arena para alimentar os leões pelo simples fato de acreditarem que o filho de Maria é também o filho de Deus.

Cristãos, como ficarão conhecidos, serão tratados como inimigos de Roma e também dos sacerdotes judeus a quem desafiarão com sua nova mensagem, oferecendo uma face àqueles que lhes baterem na outra, defendendo pobres e desfavorecidos, abençoando aqueles que os amaldiçoarem, rezando pelos inimigos, anunciando a chegada do Messias e do Apocalipse, prometendo um Reino dos Céus para os bons e batizados. Anunciando, enfim, uma vida depois da morte muito melhor do que a dureza em que se vive nos desertos de Judeia, ou na mais distante Galileia, onde cravada em uma montanha há uma vilazinha chamada Nazaré, onde se dizia que fruto bom não poderia brotar, onde viveu Maria.

E essa mãe acompanhará os discípulos do filho, e junto também dos outros milhares de seguidores que se amontoarão para ouvir os seus discursos, viverá atenta a qualquer movimento suspeito. Andarão todos com cautela, muitas vezes escondidos, para não caírem nas mãos inclementes do rei Herodes Antipas ou de seu sucessor, Agripas, e não morrerem pregados em cruzes — o que seria de enorme serventia para satisfazer a fome dos corvos, que nesses desertos são ainda piores que os abutres.

A cruz será o final não só de Jesus, mas de centenas de outros condenados pelo crime de insurgência contra o Império que em tudo manda. Sem falar nos que serão queimados vivos, nos que terão as cabeças cortadas, como todos ficaram sabendo que aconteceu com João Batista, nos inúmeros mortos pela espada, como o será Tiago, ou nos que tiverem o corpo arrastados por cavalos, como farão com Marcos. Ou, ainda, nos acorrentados, como Pedro, e nos levados à prisão em Roma, destino que caberá também ao apóstolo Paulo, muitos anos depois daquela semana que mudará para sempre a história.[1]

Mas ainda estamos no calor da sexta-feira, aquela que será Santa, como, mais tarde, também o será Maria. É a mesma sexta-feira que muitos de seus contemporâneos verão apenas como mais um dia agitado, o começo de festividades religiosas, um momento que por muito pouco não será esquecido e que, aliás, começa com famílias viajando léguas, peregrinando pelo deserto em caravanas que demoram dias, pernoitando onde quer que haja uma fonte de água para lhes matar a sede. Ainda mais agora que o inverno ficou no passado e não se vê uma única nuvem no céu.[2]

O fardo da viagem é ainda mais pesado para aqueles que chegam de lugares tão distantes como Cirene, Babilônia, Damasco ou, mais próximos, como a Galileia, de onde diz-se que Maria veio alguns dias antes para acompanhar o filho. Enfim, se gentes tão diferentes se encontram em Jerusalém é porque a cidade é a morada de Deus e só ali se pode celebrar a Páscoa judaica em toda a sua essência, relembrando afinal o que ela significa: a viagem feita mais de mil anos antes pelos antigos hebreus, que saíram do Egito para fugir da escravidão e habitar esta terra, a Terra Prometida a Abraão, o começo de tudo.

Muito em breve, Maria e os milhares de judeus que chegaram e continuam chegando irão se esbarrar ao redor do Templo, grafado aqui em letra maiúscula por ser único e insubstituível, mesmo quando tudo o que tiver sobrado dessa construção majestosa for uma parte da muralha de pedras gigantes, à qual chamarão simplesmente de Muro ou — mais acertadamente, pois o lamento será interminável — Muro das Lamentações.[3]

Entre os que agora atravessam os portões da cidade e se amontoam no enorme pátio interno do Templo fabuloso, há agricultores, pescadores, comerciantes, aventureiros, astrólogos, videntes, curandeiros, bandidos, mendigos e também muitos insurgentes, com suas muitas reclamações, decididos a morrer, se preciso, para desafiar a submissão e os impostos, ambos igualmente escravizantes e enfiados goela abaixo pelos romanos que a todos apavoram.

É uma barulheira danada, aumentada pelo som das trombetas que de tempos em tempos anunciam as preces. E, apesar de se acreditar que não há no mundo lugar mais próximo de Deus do que este pedaço de Jerusalém, o clima não é dos melhores.

Os berros dos vendedores e dos cambistas se juntam aos berros agoniados dos animais nos momentos que antecedem suas mortes, pois cada família que quiser ser perdoada de seus pecados tem que trazer um boi, cordeiro, cabrito ou outro animal menor, desde que macho e sem defeito físico (ainda que seja um pombo comprado de última hora na entrada do Templo) para oferecer em sacrifício ao deus que todos temem e querem agradar.

Um sacerdote corta a cabeça dos animais e derrama o sangue no altar. Os bois e os cordeiros são partidos e, logo em seguida, as entranhas e as patas são lavadas por um sacerdote que vai jogar tudo no fogo. Estão por ali também outros sacerdotes, que se encarregam de partir as aves, ainda vivas, e, depois, depená-las, para lançar os corpos mortos na fogueira. E como são milhares de peregrinos, o sangue dos animais escorre incessantemente para fora do Templo, segue pelo pátio como um rio divino que, ao mesmo tempo que suja as pedras, purifica as almas do povo judeu.[4]

Quando essa Páscoa terminar, mais de 200 mil animais terão sido sacrificados e queimados no fogo eterno do Templo, exalando um cheiro forte que se junta agora ao cheiro dos incensos, ao cheiro do sangue, ao das vísceras que apodrecem pelos cantos, dos sovacos suados da multidão sem banho e, assim, o fedor ao mesmo tempo humano, animal e sagrado empesteará tudo ao redor. E já nos próximos anos, quando o ritual se repetir, a Páscoa passará também a significar a passagem de Cristo desta para outra vida, confundindo a cabeça de muita gente que ficará sem saber por que afinal duas celebrações tão distintas, a cristã e a judaica, receberão o mesmo nome e serão celebradas praticamente nas mesmas datas.

Se a tradição não se engana, antes daquela sexta-feira barulhenta, confusa e trágica, Maria havia estado algumas vezes no Templo. Primeiro, quando ainda era criança. Mais tarde, na adolescência, acompanhando o marido.

Numa das peregrinações, diz-se, José comprou dois pombos para entregar em sacrifício. O homem já era velho quando se casou e faz mais de duas décadas não se ouve seu nome. A esta altura, portanto, Maria deve ter ficado viúva.[5]

Nas próximas horas, quem vai morrer é Jesus, que chama a mãe pelo mesmo substantivo que usa para falar de qualquer outra mulher e que, quando se refere ao Pai, está sempre falando de Deus. A condenação vai ser justamente por causa do suposto crime de se dizer Seu filho, ou filho do Homem, como Jesus prefere, o que os sacerdotes chamam de blasfêmia, somado ao desrespeito de fazer um milagre no sábado (em clara violação da lei judaica que manda guardar o *shabat*) e aos crimes de desordem, desobediência e desafio às autoridades religiosas que o entregarão a julgamento para o prefeito romano Pôncio Pilatos.

O representante do imperador julgará o filho de Maria também por traição a Roma, maior crime que um homem pode cometer neste ano judaico que se calcula ser, talvez, o de número 3.791 depois do Gênesis, o momento bíblico que quase todos ali acreditam ter sido o da criação dos primeiros humanos. E o crime do qual os romanos acusam Jesus é praticamente o mesmo que, repetido à exaustão, apenas quarenta anos depois, os levará a perder a cabeça e destruir o Templo em que muitos dos fatos aqui narrados aconteceram e acontecerão. Dentro de poucas horas, no entanto, no instante em que o matarem, o homem sábio a quem os seguidores chamarão de Cristo se sentirá abandonado por Deus.[6]

"Por que me abandonaste?",[7] perguntará Jesus. E que não reclamará muito mais do que isso porque logo dará um grande grito e morrerá, tendo entendido e anunciado que, dentre todos os cordeiros sacrificados, será ele — o único humano — o mais importante.

"Cordeiro de Deus", dirão seus seguidores, certos de que nada se comparará àquele momento, nem na história que o antecedeu nem naquela que o sucederá. "Cordeiro de Deus que tirais o pecado do mundo", repetirão nas missas em uníssono. Pois aquele sacrifício, aquele sangue derramado a algumas centenas de metros do Templo ensanguentado pelo sacrifício de outros cordeiros, pelo que se ensinará nos 2 mil anos seguintes, terá livrado a humanidade de todos os seus males. "Amém", completarão, sem perceber que estarão usando uma expressão hebraica e na verdade dizendo: "Que assim seja!".

No coração de mãe, no entanto, isso não é lá grande consolo. Maria está diante da cruz, às lágrimas, rezando para que seu filho não seja executado como um revolucionário qualquer, ou pior, como um animal. Ao lado, há outras mulheres que choram. Duas delas também chamadas Maria.

Uma é tia de Jesus e será esquecida quando esse drama sem fim começar a ser contado de boca em boca, de papiro em papiro, em todas as línguas de que se houver notícia. A outra Maria, a que ficará conhecidíssima, é seguidora de Jesus, vem do vilarejo de Magdala, na Galileia, e por isso atende pelo nome de Maria Madalena. Será motivo de controvérsia por toda a história que se seguirá a este dia, entre aqueles que a chamarão de discípula preferida, companheira de Jesus ou reles prostituta.

Mas quem se dedicou a escrever sobre esses dias violentos não soube (ou se esqueceu de dizer) onde estavam as três Marias no momento anterior, quando Jesus foi julgado. Talvez por causa da multidão, os homens que registraram as escrituras não notaram a presença daquelas mulheres no tribunal chamado Pretório, onde se conta que o prefeito Pilatos perguntou ao povo o que fazer com Jesus; se preferiam libertar a ele ou ao revoltoso Barrabás, porque ao pedir a liberdade de um estariam decidindo pela crucificação do outro. A morte na cruz era a pena que os romanos guardavam não para ladrões ou criminosos de meia-tigela, mas para aqueles que desafiavam o poder de seu imperador, ele sim, por estranho que nos pareça, considerado a própria divindade aqui na Terra.

Se é verdade que Pilatos não vira crime no comportamento de Jesus, isso não mudou coisa alguma. O importante ali era evitar mais uma rebelião entre os judeus apenas por causa de um preso. Pelo que consta nas escrituras que agora chamamos de Novo Testamento, os sacerdotes Caifás e Anás, e os outros homens que mandavam no Templo — que, diga-se antes que seja tarde, não representavam necessariamente os sentimentos do povo judeu daquela época — exigiam a morte de Jesus. Os sacerdotes e aqueles que os acompanhavam no tribunal queriam que o costumeiro perdão dado por Pilatos a um único preso na véspera da Páscoa fosse para Barrabás, que além de semear revolta contra Roma, era acusado de assassinato.[8]

"Eis o homem!"[9] "Estou inocente desse sangue. A responsabilidade é vossa".[10] De acordo com os Evangelhos de João e Mateus, essas foram as palavras definitivas do prefeito romano, que tinha poderes de juiz num tribunal em que não havia advogado nem direito a apelação. Conta-se que Pilatos lavou as mãos, como se dissesse "estão limpas", e entregou o filho de Maria aos soldados.

Se Maria não está no Pretório, como aparentemente não está, pois Marcos, Mateus, Lucas e João não falarão nada sobre isso, então ela não vê quando Jesus é ironizado pelos romanos.[11] Não vê também quando os soldados dividem as roupas de seu filho em quatro partes, por serem feitas de tecido bom, e sorteiam a túnica que o jovem mestre leva sobre a cabeça. Por sorte, Maria aparentemente não sabe que colocaram em Jesus uma roupa de cor púrpura, a cor que costuma ser usada pelos reis. E a mãe também não vê que logo em seguida lhe tiram aquela roupa. Porque, afinal, o gesto não passa de deboche com aquele que convidava todos a conhecerem o Reino dos Céus e que terá sua sentença de morte talhada em madeira, acima de sua cabeça, na cruz, lembrando a todos o fim que merece o Nazareno pelo suposto crime de se autoproclamar "rei dos judeus". Afinal, é o imperador Augusto, o César (ele sim!), o rei da Judeia, da Samaria, da Galileia, da Síria, da Pérsia, do Egito, das Arábias, de Roma, é claro, e de mais um bom pedaço do mundo.

Quando Maria finalmente revê seu filho, ele não é mais o mesmo homem que apenas alguns dias antes entrou por um dos portões de Jerusalém no lombo de um jumento, forte e indomável como um touro de Nazaré, aclamado como salvador. Não é também o pregador enérgico, revoltado, expulsando comerciantes que lucravam com o câmbio de dinheiro na entrada do Templo, derrubando as cadeiras daqueles que vendiam pombos e assim transformavam a casa de Deus num "covil de ladrões".[12]

Jesus tem agora sobre a cabeça uma coroa de espinhos, que é outro sadismo dos romanos, e está carregando a cruz nas costas. Fazendo lentamente o caminho entre o tribunal e o calvário, onde os romanos penduram os condenados para dar exemplo. A cruz, no entanto, acaba de passar aos braços de Simão, o homem que veio de Cirene sem saber que os soldados o escolheriam ao acaso para aquela missão nobre, porque o condenado, de tão fraco depois de inúmeras chicotadas, com as costas em carne viva, com o rosto ensanguentado pelos espinhos que lhe cortam a cabeça, já caiu duas vezes e não aguenta mais o fardo que lhe impuseram. Uma mulher lhe passa um pano no rosto, mas não adianta. O caminho é de pedras e o destino é a cruz.

Maria também faz o possível para aguentar tantas pedras em seu caminho de mãe. Talvez só tenha sofrido algo vagamente parecido no dia em que Jesus, ainda menino, se perdeu dos pais e ficou rezando, "em meio aos doutores da Lei", no interior do Templo onde essa sexta-feira terrível começou, mas que agora está distante, pois o cenário principal da barbárie romana, o morro onde Jesus acaba de chegar, fica fora dos muros de Jerusalém.[13]

Quando Maria está pela última vez diante do filho, quando ele já tem pregos atravessando-lhe as mãos e, dizem, também os pés, Jesus olha para seu discípulo preferido e diz: "Mulher, eis teu filho!".[14] Volta-se ao discípulo e lhe diz que aquela, de agora em diante, será também sua mãe.[15]

Mas o instante de ternura não impede a tragédia que Maria vê em seguida, quando o sol se apaga e faz-se uma escuridão terrível sobre a Terra, no momento em que o filho reclama que tem sede, bebe o vinagre que lhe chega numa esponja erguida na ponta de uma vara, não aguenta mais tanto sangue perdido, exala seu último suspiro e se despede deste mundo romano.[16]

Para certificar-se da morte do condenado, um soldado lhe enfia a lança num dos lados do corpo, de onde sai sangue — como se imaginaria — mas também, inesperadamente, a água que muitos verão como símbolo do Espírito Santo, ou do batismo, querendo descobrir também ali a simbologia do nascimento da Igreja. Maria vê tudo com seus próprios olhos e, ainda que perdoe os assassinos, como pede seu filho, jamais se esquecerá.

Da outra vez que perdeu o filho em Jerusalém, Maria o reencontrou no terceiro dia. E agora, na hora de sua morte, depois que Jesus não der mais um único suspiro no alto da cruz, será preciso esperar também pelo terceiro dia até que ele reapareça, em carne e osso, pelo que dizem, confirmando as profecias. Maria, no entanto, se souber disso, será pelos apóstolos, pois jamais voltará a vê-lo.

Capítulo 2
O inferno de cada um

Agora que o rico José de Arimateia conseguiu permissão de Pôncio Pilatos para retirar o corpo do mestre do alto da cruz, Jesus terá um enterro digno, com os devidos óleos e preces, com um lençol branco para envolvê-lo e deixá-lo num jardim onde, não faz muito tempo, um túmulo foi talhado na rocha, não muito distante do Monte Calvário.

A sexta-feira terrível está quase terminando.

Maria e os discípulos terão, enfim, algum descanso. Mas ainda há muito o que fazer antes que se dê por encerrada aquela caminhada que, de tão sofrida, será batizada de Via Dolorosa e será uma das cenas mais retratadas da história humana. Aliás, ali mesmo, onde Maria está agora, no dia em que se construir uma igreja, haverá também muitas pinturas e um grande mosaico contando o que aquelas mulheres e aqueles homens estão prestes a viver.

No mosaico, na entrada da basílica que chamarão de Santo Sepulcro, Maria aparecerá abraçada ao corpo do filho enquanto os discípulos retiram Jesus da cruz. Na cena seguinte, a mãe estará ainda mais próxima, com o rosto encostado ao do filho que está morto sobre um pano de linho branco, colocado em cima de uma pedra. Ao lado, três companheiros e cinco mulheres serão vistos chorando a morte de Jesus. Por fim, na terceira cena, como se jamais houvesse deixado de acompanhar o corpo do filho, Maria estará segurando o rosto e os cabelos de Jesus, agora envolvido no pano, no momento em que ele é carregado para dentro da gruta que será seu túmulo.

Como inúmeras pinturas que serão feitas ao longo dos dois milênios que se seguirão a estes dias inesquecíveis, o mosaico belíssimo e comovente se sustentará sobre a linha tênue em que história e imaginação se confundem; e não poderá ser comprovado nem mesmo pelo que será registrado nas Escrituras, pois nenhum dos Evangelhos revelará onde está Maria durante a limpeza do corpo ou na hora do enterro do filho.

Talvez Maria tenha se afastado e chore distante, sozinha em sua dor de mãe inconsolável. Talvez tenha de fato acompanhado cada segundo da despedida do filho, como sugerem o mosaico e tantas outras obras de arte. Mas sobre isso não existem provas, nem mesmo os escritos proibidos pela Igreja dirão algo relevante a respeito desse momento.

Se registrará, isso sim, que as mulheres que acompanhavam Maria continuam em frente à gruta. Pelo que anotará o Evangelho de Marcos, apenas Maria Madalena e uma outra Maria assistem ao momento em que os discípulos rolam a pedra para tampar o sepulcro no fim da sexta-feira.[1] E o Evangelho de João, o único a falar da presença de Maria diante da cruz, não fará nenhuma referência a ela a partir do momento em que José de Arimateia consegue o aval dos romanos para enterrar o mestre.

Fato indiscutível, no entanto, é que, depois de ver o filho sofrer como se pode imaginar que nenhum homem tivesse sofrido antes, depois de ver o sangue do seu sangue escorrer pelas ruas até sair pelos portões da Cidade Santa e chegar à montanha, Maria não precisará de nenhuma escritura para lhe explicar o significado da palavra inferno. E para relembrar tamanho sofrimento, os seguidores de Jesus ainda irão encontrar inúmeras maneiras carinhosas de se referir ao sofrimento de Maria. Seja como Nossa Senhora das Dores, das Angústias, da Solidão, das Lágrimas, do Pranto ou de tudo o mais que possa uma mãe sentir e expressar ao ver o filho ser tratado daquela maneira. Se existe inferno, portanto, é o que Maria vive agora na própria pele.

Jesus, porém, depois do inferno humano a que os romanos o submeteram, precisará encarar ainda o inferno das almas, que é uma questão de ordem, um acerto de contas que ele tem a obrigação de fazer. Ou pelo menos era o que diziam.[2] Depois de abandonar a forma humana, o espírito de Jesus precisaria enfrentar o diabo para resolver questões pendentes desde que Deus, extremamente irritado com as maldades que via na Terra, reservou a Noé, à família dele e a alguns animais o direito de entrar numa arca para escapar do dilúvio, mandando todos os demais, literalmente, para o inferno.

Começou-se a falar nisso ainda nos primeiros anos do cristianismo. E foram os próprios apóstolos que divulgaram a ideia de que, no sábado, Jesus *descendit ad inferos* para o tal acerto de contas.[3]

Na Primeira Epístola de Pedro há um trecho sobre a ressurreição no qual se lê que Jesus morreu pelos pecados dos homens e que seu espírito "foi também pregar aos espíritos em prisão"[4] — o que não se entende como outra coisa senão uma descida ao inferno para converter os "que foram incrédulos outrora, nos dias de Noé ".[5] Conforme o apóstolo lembra em sua carta, Deus salvou do dilúvio apenas oito pessoas. E, conforme Pedro e os outros apóstolos explicarão pelas próximas décadas, ao morrer na cruz e descer ao inferno em espírito, Jesus salvou do pecado a humanidade inteira, que precisará apenas do batismo em água para reafirmar seu "compromisso solene da boa consciência para com Deus pela ressurreição de Jesus Cristo".[6]

Será dito, para quem quiser ouvir, e pelos próximos trezentos anos, que Jesus "padeceu sob Pôncio Pilatos; foi crucificado, morto e sepultado; desceu ao inferno; e ressuscitou ao terceiro dia". O Credo dos Apóstolos foi um dos primeiros textos usados pelos cristãos para resumir e afirmar a fé publicamente. Em algumas traduções do Credo, como aquela que é usada no catecismo da Igreja Católica, a palavra *inferno* será substituída por expressões mais brandas, mas o sentido será praticamente o mesmo.

"Desceu à mansão dos mortos", dirão os cristãos do nosso tempo — ainda que em suas aparições depois da ressurreição, conforme relatado pelos Evangelhos, Jesus jamais tenha usado de palavra alguma para se referir a esse suposto encontro com o diabo, nesse dia supostamente decisivo para a história de quem via o mundo como uma divisão entre bons e maus, luz e trevas, céu e inferno.

Assim mesmo, a ideia se desenvolveu, ganhou ares de fábula, quase uma trama cinematográfica; e gerou discórdia.

"A poderosa Palavra, o verdadeiro homem, nos redimiu com seu próprio sangue, se entregou como forma de pagamento em resgate daqueles que estavam aprisionados", escreveu o bispo Ireneu, um dos primeiros sacerdotes teóricos do cristianismo, com a autoridade de quem foi seguidor de um dos seguidores do apóstolo João.[7]

Outros disseram até mais: que Deus quisera que seu filho fosse "como um anzol escondido detrás da carne humana para enganar" o diabo, e que, no momento em que o diabo engoliu o corpo de Jesus, os portões do inferno explodiram, livrando os pecadores de suas culpas e, assim, libertando a humanidade inteira do pecado.[8]

Era o que diziam... E diziam com muita veemência até o ano de 325 d.C., quando, logo no primeiro grande encontro de bispos cristãos, no Concílio de Niceia, a descida ao inferno foi riscada do texto oficial e deixou de ser uma explicação satisfatória para a ausência de acontecimentos no sábado que se seguiu à crucificação.[9]

A ideia de que Deus teria pago resgate ao diabo, essa, então, foi condenada com raiva, revolta. "Pensamento monstruoso!", gritou em Constantinopla o arcebispo Gregório de Nazianzo, indignado com o que se repetia em muitas missas, e que, apesar do escândalo, continuaria sendo repetido anos mais tarde por Agostinho de Hipona, o santo Agostinho, e até mesmo pelo papa Leão I.[10]

Com o passar dos séculos, a descida ao inferno saiu do imaginário popular e aquele sábado de Páscoa, também conhecido como Sábado de Aleluia, Sábado Negro ou Sábado Glorioso, passou a ser lembrado como um dia silencioso, quando se celebram as poucas horas em que Jesus ficou dentro do túmulo, horas de expectativa em Jerusalém. E a nós, tanto tempo depois, curiosos para saber como Maria vai se recuperar de seu inferno particular, cabe apenas a paciência de esperar pelo fim do shabat, quando os judeus em geral não trabalham e rezam ainda mais, quando os mortos não são enterrados, quando se pede silêncio e qualquer excesso é proibido, e, principalmente, quando os quatro evangelistas e suas testemunhas parecem ter ficado alheios ao mundo. Pois tudo o que se escreveu sobre o dia seguinte à morte de Jesus foi que Pilatos mandou colocar um guarda à porta do túmulo, atendendo ao pedido dos sacerdotes que temiam que alguém fosse roubar o corpo a fim de inventar que se havia cumprido a prometida ressurreição.[11]

Antes mesmo de amanhecer o domingo, no entanto, estamos de volta ao jardim que vimos pela última vez na noite de sexta-feira. Maria Madalena foi a primeira a chegar, junto com outra Maria, que não é a que esperamos. Conta-se que a Terra tremeu no momento em que as mulheres se aproximaram do túmulo, mas não por causa delas.[12] Foi um anjo que desceu do céu, fez rolar a pedra que lacrava a túmulo e se sentou sobre ela.

"Não tenham medo!", teriam sido as palavras do anjo ao explicar que aquele que as mulheres procuravam não estava mais no sepulcro. "Ele não está aqui, pois ressuscitou, conforme havia dito", prosseguiu o anjo, convidando Maria Madalena e a outra mulher a entrarem e verem com os próprios olhos o túmulo vazio.

Ninguém sabe, mais uma vez, onde está a mãe de Jesus. Será que houve algum erro na transcrição dos textos sagrados? Por que Maria teria deixado de acompanhar as outras mulheres em momento tão importante?

Não sabemos.

Segundo o Evangelho de Lucas, depois da visita do anjo, longe dali, Jesus apareceu a dois discípulos desconhecidos. Segundo Mateus, a primeira aparição foi às mesmas duas mulheres que testemunharam o vazio do sepulcro. Segundo Marcos e João, ele apareceu primeiro a Maria Madalena, quando ela estava sozinha. E, por fim, os quatro Evangelhos concordarão que, mais tarde, Jesus aparecerá em carne e osso diante dos apóstolos, que depois da morte do traidor Judas Iscariotes serão apenas onze, entre os quais, apesar do privilégio de ser a primeira testemunha a revê-lo, Madalena não será jamais incluída. E se, de fato, são apenas esses quatro os textos que merecerão ser consultados sobre os detalhes da morte e da ressurreição de Jesus Cristo, será possível afirmar que, a menos que o encontro tenha ficado em segredo, Jesus não apareceu ressuscitado diante da mãe.

Maria, a intercessora, aquela que pediu a Jesus que transformasse água em vinho no casamento em Caná, morrerá sem jamais ter visto diante dela o filho ressuscitado, sem testemunhar seu maior milagre, aquele que será entendido como a prova irrefutável de que o menino que nasceu de seu ventre é o filho de Deus.

Capítulo 3
Os últimos passos de Maria

QUARENTA DIAS DEPOIS de reaparecer em carne e osso, depois de ter se levantado do túmulo onde ficou morto por não mais do que trinta ou quarenta horas, o filho de Maria estabeleceu aos apóstolos a missão de espalhar sua mensagem por onde quer que existisse um ser humano. "Sereis minhas testemunhas até os confins da terra", lhes disse.[1]

Antes de se despedir definitivamente de sua vida carnal, Jesus delegou a missão de divulgar sua mensagem a Mateus, Pedro, João, André, Filipe, Tomé, Bartolomeu, Simão, Tiago (aquele a quem os contemporâneos se referiam como seu irmão), um outro Tiago, e ainda um Judas que não era o traidor, pois esse estava morto havia semanas, por suicídio ou, como se dirá em breve, por causa de uma queda terrível, "derramando-se todas as suas entranhas".[2]

Depois de lhes dizer as palavras que serão interpretadas como uma ordem definitiva para que fundassem igrejas, pelo que se diz, Jesus subiu aos céus e desapareceu atrás de uma nuvem. Maria, no entanto, não estava nesse último encontro. Pelo menos, ninguém se lembrou de contar. Mas será mesmo que não notariam um reencontro seu com o filho depois de tanto sofrimento? Não temos notícias suas desde que Jesus foi crucificado.

Depois de ver o mestre subir aos céus na reunião derradeira no Monte das Oliveiras, os onze apóstolos decidiram voltar ao segundo andar da casa de Jerusalém onde haviam comido juntos pela última vez. No lugar que os cristãos um dia chamarão de Cenáculo, Maria finalmente reaparece. Está reunida com os apóstolos e mais alguns discípulos de seu filho.

Apesar do clima de terror que assombra tudo o que está relacionado àquela crucificação, Maria, como se descobre agora, não foi atrás de refúgio e segurança em sua casa na Galileia. Não se sabe se, de fato, ela acompanha o apóstolo João em suas andanças, como o Evangelho atribuído ao mesmo João afirmará ter sido o desejo de Jesus. O que se pode dizer é que ela está ali, mais uma vez rezando, acompanhada de algumas mulheres e daqueles a quem o autor dos Atos dos Apóstolos se referirá como "seus irmãos".[3]

Antes que os discípulos começassem a pregar pelo mundo, Jesus lhes havia pedido que ficassem em Jerusalém, aguardando o momento em que seriam batizados pelo Espírito Santo, pois só depois disso teriam poder e força espiritual suficientes para converter o mundo.

Os apóstolos esperam — ainda sem saber por quanto tempo, pois Jesus não explicou como nem quando esse novo batismo vai acontecer. Mas, enquanto o Espírito Santo não desce sobre eles, ali mesmo nos arredores do Templo que se lhes tornou muito mais perigoso do que sagrado, os seguidores de Jesus constroem os primeiros pilares de suas igrejas, mesmo que, como judeus que ainda são, as chamem de sinagogas.

Não será possível saber onde Maria estará em cada um dos acontecimentos importantíssimos que se seguirão. Mas, acredita-se, ela testemunhará muitos deles. Ainda assim, registre-se aqui o fato inegável, consequência principalmente dos tempos machistas de então: assim como Maria Madalena jamais será aceita como apóstola, a presença da mãe muitas vezes deixará de ser registrada. A devida importância só lhe será dada muitos anos depois de sua morte, quando Maria for conhecida como Nossa Senhora, a Portadora de Deus. Ou como dirão ainda mais tarde, e certamente com mais carinho, a Mãe de Deus.

Assume-se, no entanto, que Maria estava por perto quando Pedro liderou a reunião em que Matias foi escolhido para substituir o Judas traidor. Ela estaria próxima também quando se diz que o apóstolo-chefe fez um homem andar pela primeira vez, ressuscitou uma mulher, discursou para multidões e começou a receber doações enormes de pessoas que vendiam suas casas, e o que mais tivessem, para entregar aos apóstolos e segui-los. Foi nesse tempo também que Pedro amaldiçoou um casal que vendeu sua propriedade e doou apenas uma parte do valor recebido.[4]

"Ananias, por que encheu Satanás o teu coração para mentires ao Espírito Santo, retendo parte do preço do terreno?"[5]

Ananias caiu morto.

"Eis à porta os pés dos que sepultaram teu marido", continuou Pedro. "Eles levarão também a ti."[6]

Safira caiu morta.

Maria tinha menos de cinquenta anos quando o mundo começou a mudar. E é provável que tenha sido testemunha desse momento em que os seguidores de seu filho começaram a criar uma nova comunidade, que mais tarde será também uma nova religião.

Foi nos anos que se seguiram à morte de Jesus que Pedro começou a expandir as fronteiras do judaísmo, querendo que a nova mensagem fosse conhecida até por quem não seguia a Lei judaica.

Na casa de um romano, Pedro "viu o céu aberto, e um objeto que descia, semelhante a um grande lençol, baixado à terra pelas quatro pontas", onde havia todas as aves, répteis e animais de quatro patas, inclusive, conclui-se, o porco que os judeus não comiam e não comem até o nosso tempo.[7]

Uma voz que veio do céu deu ordens para que Pedro comesse de tudo.

"Mata e come!", ordenou.[8]

Mas ele respondeu que não comeria, porque jamais havia comido algo impuro — algo que não fosse *kasher*, para usar o termo atual, em hebraico. E a voz divina então determinou que os seguidores de Jesus não precisavam se submeter às leis judaicas, como, por exemplo, aquelas que restringem o consumo de alimentos.[9]

"Ao que Deus purificou, não chames tu de profano."[10]

Pouco depois, Pedro batizou os primeiros seguidores não judeus daquela nova fé. Entrou na casa de homens que eram considerados impuros, pois não eram circuncidados, e determinou que todos aqueles que acreditassem em Jesus Cristo passariam a ser vistos como iguais diante de Deus. Não havia mais apenas um povo escolhido, pois todos aqueles que escolhessem Jesus eram também escolhidos por Deus.

Enquanto Pedro estruturava a nova comunidade religiosa, a perseguição aumentava, e os seguidores começavam a sair de Jerusalém, chegando até os confins do mundo que se conhecia naquela época, conforme ordenara Jesus. Em Antióquia, na Síria, foram pela primeira vez chamados de cristãos.[11] E, daí por diante, temos certeza de que Maria não os acompanha mais.

A tradição consolidou duas versões sobre seus últimos dias. Ou Maria teria morrido no alto de uma montanha em Éfeso ou aos pés de uma montanha em Jerusalém.

Por muito tempo, afirmou-se que Maria morreu e foi enterrada no vale que fica diante do Monte das Oliveiras, em Jerusalém. O túmulo, inclusive, numa gruta profunda ao lado do jardim do Getsêmani, continua sendo visitado pelos peregrinos que viajam à Terra Santa.

Ali, perto de onde havia uma prensa em que se fazia azeite de oliva, a mãe de Jesus teria vivido seus últimos dias e, por fim, recebido um enterro digno, com os devidos óleos e rezas, como se acreditava que todo judeu deveria ter.

Mas com que provas dizem isso?

Não as temos.

Ainda nos primeiros séculos do cristianismo, surgiu a tese de que Maria havia acompanhado o apóstolo João até Éfeso, numa região que os antigos chamavam de Ásia Menor, na atual Turquia. Lá, ela teria vivido ainda por alguns anos antes de morrer.

O bispo Epifânio de Salamina, judeu convertido ao cristianismo que viveu no Chipre no século IV, e portanto muito perto da Galileia e da Judeia, dizia que ninguém sabia ao certo se Maria havia ou não morrido.

"Se alguém pensa que eu estou enganado", escreveu o bispo Epifânio, "deixe que procurem nas escrituras e não vão encontrar nada sobre a morte de Maria, nem se ela morreu ou não, nem se ela foi ou não enterrada." O bispo deixava claro que, no ano 377, a única certeza que se tinha era de que ninguém havia registrado os últimos momentos de Maria. Talvez ela tivesse até sido assassinada, ele especulava. "Ela morreu? Não sabemos. Ou a santa Virgem morreu ou foi queimada, ou ela foi morta, ou ainda está viva, já que nada é impossível para Deus e Ele pode fazer qualquer coisa que deseja; porque o fim dela ninguém sabe."[12]

Sobre a ida a Éfeso, Epifânio mais uma vez recorria às Escrituras. "Ainda que João certamente tenha viajado para a Ásia, não está dito em lugar nenhum que ele levou a Virgem sagrada com ele. As escrituras simplesmente ficaram em silêncio."[13]

A tradição que defende que Maria foi para Éfeso acompanhando o apóstolo João faz sentido se levarmos em conta a sugestão de Jesus a Maria, atestada num dos Evangelhos, de que passasse a considerar seu discípulo preferido — que a tradição afirma ter sido João, ainda que haja dúvidas — como um filho, que por sua vez se encarregaria de cuidar dela. Diz uma tradição que João passou seus últimos dias em Éfeso.

Também em Éfeso, há uma casinha de pedra em que Maria teria vivido seus últimos dias. A história, no entanto, é recente. E se sustenta nos manuscritos de um poeta, editados por um padre, com base nas visões de uma freira alemã que morreu no ano de 1824.

Capítulo 4
Um poeta, um reverendo, uma freira e sua fantástica visão

Milagrosamente, os apóstolos ficaram sabendo que a vida de Maria se aproximava do fim e saíram às pressas a caminho de Éfeso. Com exceção de Tomé, que não chegou a tempo, provavelmente porque mais uma vez demorou a crer, todos se encontraram na casinha simples onde, dizem, a mãe de Jesus resolveu passar seus últimos anos.

De acordo com as visões da freira alemã Anne Catherine Emmerich — anotadas pelo poeta Clemens Brentano, e depois editadas pelo reverendo Carl Schmöger em uma obra literária quase do tamanho da Bíblia —, depois da suposta viagem dos apóstolos, Maria morreu em Éfeso, foi enterrada, ressuscitou e foi elevada aos céus.

Na imaginação da freira, Pedro comandou a cerimônia de despedida, fez a unção dos enfermos e ofereceu a Maria uma hóstia. Depois, a mãe de Jesus ficou em silêncio. Formou-se um caminho de luz entre o corpo e a cidade de Jerusalém, a muitos e muitos quilômetros dali. O espírito de Maria foi a Jerusalém, e em seguida fez sua primeira viagem ao céu.

"Nos dois lados desse caminho, eu vi nuvens de luz de onde surgiam rostos de anjos", detalhou a freira Anne Catherine

Emmerich, no relato que tinha tudo para estar entre os muitos livros fantasiosos que surgiram nos anos que se seguiram à morte de Jesus Cristo, proibidos e, muitas vezes, queimados, para que ficassem para sempre ocultos. Mas a visão da freira beata lembra uma obra de arte barroca. É curiosíssima, bonita até. E quando o leitor se deixa levar pela imaginação daquela mulher doente que pouco saía da cama em seus últimos anos, o texto que resultou dessa combinação de uma visão, que se acredita bem-intencionada, com as alterações feitas pelo poeta e pelo reverendo fica parecendo uma pintura muito rebuscada, ilustrando aquilo em que os católicos e os cristãos ortodoxos acreditam: Maria teria deixado este mundo, se encontrado com Jesus Cristo no céu, voltado depois de três dias e — por fim — teria sido elevada definitivamente aos céus para ficar ao lado de Deus.

Ainda que de maneiras nem sempre tão literárias e detalhadas, a subida sobrenatural do corpo de Maria ao céu já era contada nas missas havia muitos séculos. Mas a falta de evidências históricas fez com que se passassem quase dois milênios até que a Assunção fosse transformada em dogma pela Santa Sé.

Na bula *Munificentissimus Deus*, publicada em 1950, o papa Pio XII afirmou que, em consequência de sua concepção sem manchas, livre do pecado original, Maria não precisou "permanecer na corrupção do sepulcro, nem teve de esperar a redenção do corpo até o fim dos tempos". E, portanto, "a sempre virgem Maria, terminado o curso da vida terrestre, foi assunta em corpo e alma à glória celestial".[1] A decisão, conforme está escrito, foi motivada principalmente pelo clamor popular e pela tradição. O papa fez referências a estudos teológicos e às escrituras, sem citar, no entanto, nenhum texto sagrado que afirmasse categoricamente aquilo que agora a Igreja transformava em lei, sentenciando que "a ninguém, pois, seja lícito infringir esta nossa declaração, proclamação e definição", porque conforme o documento alertava, "se alguém presumir intentá-lo, saiba que incorre na indignação de Deus onipotente e dos bem-aventurados apóstolos Pedro e Paulo".

O papa contou que recebeu pedidos insistentes para que a Assunção fosse transformada em dogma e que, por causa disso, quatro anos antes enviara uma carta, que sabemos ter sido recebida por mais de mil bispos, perguntando a eles se "em sua exímia sabedoria e prudência" julgavam que a Assunção de Maria deveria ser proposta e definida como um dogma da fé. E o mais importante: os bispos deveriam tomar uma decisão democrática. "Você, com seu clero e seu povo, deseja isto?", perguntava o papa. A democracia, nesse caso, preenchia o vazio deixado pela teologia, ou mesmo pela História, que não registrou absolutamente nada de confiável sobre os últimos passos de Maria.

Por fim, respondendo ao questionamento papal, praticamente todos os bispos católicos do mundo, com exceção de doze, que ficaram em dúvida, concordaram com o que seria sentenciado pouco depois por aquela bula. Afinal, era o que já se pregava nas igrejas havia muitos e muitos séculos. Era a tradição ganhando a força de um dogma, sem que se tornasse um consenso entre os cristãos.

Exemplo disso aparece numa declaração conjunta, apresentada depois de uma extensa discussão amistosa entre autoridades da Igreja Católica e da Igreja Anglicana, que entre muitos pontos de acordo destacou que os anglicanos discordavam da definição do dogma da Assunção da Virgem Maria, assim como discordavam do dogma da Imaculada Conceição, porque, os protestantes afirmavam, eles não eram "suficientemente embasados nas Escrituras".[2]

Os anglicanos se perguntavam se, numa eventual reunião das duas Igrejas num único corpo religioso, eles seriam obrigados a reconhecer os dogmas de que discordavam, deixando claro que, naquele caso, as visões diferentes sobre Maria eram um obstáculo à reaproximação.[3] Entre os cristãos ortodoxos, no entanto, a crença foi oficializada com o título de Dormição de Maria. "Ao pegar no sono, você não abandonou o mundo", diz a liturgia grega ortodoxa. "Nem o túmulo nem a morte puderam levar a Theotokos [Maria, a Portadora de Deus], que está constantemente em nossas preces e em nossa firme esperança em suas intercessões." A Igreja Ortodoxa ensina que Maria foi uma pessoa sem pecados, morreu como qualquer outro ser humano, ressuscitou e teve seu corpo resgatado por Jesus Cristo, que fez dela a Mãe da Vida e a levou ao paraíso para onde os humanos comuns irão apenas no fim dos tempos, e ainda assim apenas aqueles que "ouvirem e mantiverem a palavra de Deus".[4] A Igreja Copta Ortodoxa do Egito, fundada apenas algumas décadas depois da morte de Cristo, acredita na Dormição e na Assunção, uma precedendo a outra.

Em 1997, João Paulo II quis botar um fim na discussão sobre a morte de Maria. Disse que "não parecem fundadas as opiniões que lhe quereriam excluir causas naturais". E se perguntou: "É possível que Maria de Nazaré tenha experimentado na sua carne o drama da morte?". A conclusão, e portanto a posição mais atual da Igreja sobre esse capítulo nebuloso, é que, se Cristo morreu, Maria também teria que morrer. "A experiência da morte enriqueceu a pessoa da Virgem",[5] conclui o documento.

Inspirando-se nas tradições que lhe chegaram, sem conhecer a posição clara e simples do papa João Paulo II, a freira Anne Catherine Emmerich acabou criando algumas cenas maravilhosas, que parecem saídas de um estúdio de Hollywood. Mas como não há grandes conflitos com o pensamento católico convencional, até porque, como a própria Igreja admite, nada se sabe sobre a história real da morte de Maria, não houve motivo para que o Vaticano condenasse as visões da freira alemã, devidamente alteradas e recheadas de novos detalhes pelo poeta que passou cinco anos tomando notas de tudo o que ela lhe balbuciava, deitada, na cama do convento. Pelo contrário, a freira visionária, o poeta e o reverendo, que depois organizou e, assim, eternizou aquelas palavras, produziram uma obra que permite aos cristãos visualizarem como teria sido a Assunção de Maria.

O poeta Brentano era amigo do escritor alemão Goethe, e gostava de boa literatura. Estudiosos afirmaram que, ao transcrever as visões da freira, Brentano se inspirou em textos proibidos do começo do cristianismo para florear ainda mais aquele momento mágico.

"O corpo da Virgem Abençoada se deitava sobre o sofá, radiante, com luzes, os olhos fechados, as mãos cruzadas sobre o peito", prossegue o relato poético da visão. Enquanto seu corpo esperava no sofá, Maria fez uma longa viagem, se encontrou com Jesus e com personagens bíblicos desde os tempos de Abraão, para enfim retornar a Éfeso. Em seguida, diz o relato, os apóstolos colocaram o corpo de Maria num caixão e o enterraram numa gruta, bem perto da casa onde ela supostamente vivera nos arredores de Éfeso. "Colocaram sobre o corpo flores brancas, vermelhas e azuis, simbolizando a virgindade de Maria."

As flores que a freira viu (ou foi o poeta que acrescentou as flores?) têm exatamente as cores que povoam o imaginário popular quando se pensa em Maria. São os mesmos branco, vermelho e azul, por exemplo, com que a imagem de Nossa Senhora Aparecida, padroeira do Brasil, foi pintada, por volta do ano 1650, antes de ser jogada num rio e ficar negra. São as mesmas cores que, ainda antes, Leonardo da Vinci e outros grandes pintores escolheram para retratar a cor da pele e as roupas da mãe de Jesus em cenas bíblicas tão magníficas que ocupam alguns dos espaços mais nobres dos museus mais importantes do mundo. A freira Anne Catherine

Emmerich praticamente não se desviou do caminho oficial. Viu de maneira requintada aquilo que outros já haviam visto e reafirmou o que o imaginário cristão construiu ao longo dos séculos. Apenas floreou. Ou, mais que isso, com a ajuda do poeta Brentano contou a história de um jeito muito bem contado.

Na noite que se seguiu ao enterro, continua a visão, o espírito da mãe de Jesus viajou definitivamente em direção ao céu. A cena relatada pela freira, manuscrita pelo poeta e editada pelo reverendo é intensa e, muitos dirão, emocionante.

"Vi um caminho largo de luz descer do Céu e repousar sobre o túmulo. Nele, havia círculos de glória cheios de anjos, no meio dos quais a alma resplandecente da Virgem Abençoada desceu flutuando."

Jesus Cristo também teria descido, com as marcas das feridas que trazia em seu corpo iluminadas por uma luz piscante. Ao redor da cabeça de Maria, espíritos abençoados cantavam em coro. Foi então que o corpo da mulher mais importante da história da humanidade fez sua viagem definitiva, envolvido por uma luz branca, guiado por uma multidão de espíritos celestiais, em direção ao céu.

Era a visão de uma freira alemã, quase dezoito séculos depois da morte de Maria, sem nenhuma comprovação ou aceitação oficial. Mas a casa descrita pela freira Anne Catherine não ficou só na imaginação. Em 1881, pouco mais de meio século depois que ela morreu, um padre francês encontrou uma pequena construção de pedra, no alto de uma montanha, com vista para o Mar Egeu, no lugar onde também foram encontradas as ruínas do que um dia teria sido a cidade de Éfeso.[6] Afirmou que era a casa de Maria, e foi ridicularizado.

Dez anos depois, dois missionários cristãos reencontraram a casa, também usando como fonte a descrição física e geográfica feita pela freira alemã. Disseram, na época, que a ruína era venerada havia muitos anos pelos moradores de um vilarejo próximo, onde viviam descendentes de cristãos.

A descoberta reacendeu a crença de que Maria teria, de fato, passado seus últimos dias em Éfeso. E o lugar ainda mantém uma igreja dedicada à Virgem Maria, construída nos arredores do ano 330. Ali também está o que se acredita ser o túmulo do apóstolo João, aquele que teria recebido de Jesus, em seus últimos suspiros na cruz, a missão de cuidar de Maria.

Em 1896, o papa Leão XIII autorizou as peregrinações à casinha de pedra em Éfeso e tirou da Igreja Católica a antiga certeza de que Maria havia sido enterrada aos pés do Monte das Oliveiras, em Jerusalém. Em 1951, meses depois de definir o dogma da Assunção de Maria, o papa Pio XII deu à casinha de pedra, à Igreja de Santa Maria e ao túmulo de João, todos em Éfeso, o status de Lugares Sagrados do catolicismo. A referência ao túmulo de Maria em Jerusalém saiu dos documentos oficiais e a casinha de pedra entrou no roteiro dos papas.

Paulo VI, João Paulo II e Bento XVI foram pessoalmente abençoar a casa onde, tendo como principal fonte a visão da freira Anne Catherine Emmerich, muita gente afirma que Maria passou seus últimos dias, morreu, ressuscitou, dormiu e fez uma belíssima viagem aos céus.

Curioso, no entanto, é que no começo do cristianismo, nos primeiros cem, duzentos anos, não se falava sobre a ida de Maria a Éfeso. Ou pelo menos a notícia não chegou até nós. O que se dizia, e isso foi escrito, era que Maria teria continuado nos arredores de Jerusalém e vivido apenas dois anos depois da morte do filho. Mas a verdade é que apenas escreveu-se, como muita coisa que foi parar em pergaminhos e livros, sem que fosse comprovado, ou pelo menos sem que as provas nos chegassem intactas e confiáveis.

Sobre a data da morte da mãe de Jesus, o historiador grego Hipólito de Tebas calculou em onze anos depois daquela sexta-feira que hoje chamamos Santa. Se aceitarmos as tradições que afirmam que Maria tinha entre treze e quinze anos quando deu à luz, o que era perfeitamente normal naquela época, levando em conta que Jesus morreu com 33 anos, Maria teria vivido no máximo até os 59 anos.

Se nenhuma Igreja afirma oficialmente a idade da morte de Maria é porque ninguém sabe. A freira Anne Catherine Emmerich, no entanto, calculou a data em 48 anos depois do nascimento de Cristo, ou seja, aos sessenta e poucos anos de idade.

"Isso me foi mostrado em números, não por escrito", afirma o relato. "Primeiro eu vi 4, e depois 8, o que denota o número 48. Por fim, eu vi 13, e dois meses inteiros", o que significaria que Maria morreu treze anos e dois meses depois de Jesus. Por essa conta, Jesus teria vivido 35 anos, dois a mais do que a tradição afirma.

A Igreja Católica beatificou a freira alemã, mas não por suas visões supostamente esclarecedoras sobre o que teriam sido os detalhes das vidas de Maria, de Jesus e dos apóstolos. Anne Catherine Emmerich foi beatificada porque "viveu, sofreu e morreu com Cristo", e um sinal exterior dessa vida beata, segundo o Vaticano, eram as feridas, como as de Cristo, que ela trazia no corpo.[7]

Tudo indica que em seus quase cinquenta anos a freira se manteve virgem e foi cristã como poucos. Antes de completar trinta anos, exibia uma série de feridas, chamadas *stigmatas*, os estigmas. Entre eles, uma cruz estampada na altura do coração e, na testa, o que seriam as marcas de uma coroa de espinhos.

No fim da vida, a freira vomitava quase tudo o que comia, e só se alimentava de água e hóstia. Foi com inspiração nas visões da freira que o ator e diretor americano Mel Gibson produziu um dos filmes mais violentos já feitos sobre os momentos finais de Jesus Cristo. E, ainda que seja muito comovente a ideia de que alguém de fato conheça os detalhes daqueles dias históricos, as palavras atribuídas a Anne Catherine Emmerich não têm qualquer valor documental. Resta-nos, portanto, guardar como certo que Maria morreu alguns anos depois de Jesus.

Quantos?

Provavelmente, morreremos sem saber.

Capítulo 5
Os manuscritos da infância

Quando marido e mulher não conseguiam ter filhos, nas famílias que seguiam o judaísmo na época do nascimento de Maria, havia duas possibilidades. Ou tinham sido amaldiçoados e seriam discriminados até o fim da vida como infrutíferos, ou cairia sobre eles uma intervenção divina, surpreendendo a todos — como, por sorte, 2 mil anos antes, diz-se que acontecera a Sara, mulher de Abraão.

Conta-se que os nomes dos pais de Maria eram Joaquim e Ana, que eles estavam velhos, que não tinham filhos e não sonhavam mais com a possibilidade de serem abençoados por Deus. Pelo contrário. A maldição, ou pelo menos a maldade humana, chegou a eles justamente no momento em que Joaquim se encontrou com os sacerdotes no Templo de Jerusalém.

Mais uma vez, ele estava lá para fazer doações, pois conta-se que era rico, muito dedicado a Deus e caridoso. Mas, dessa vez, o sumo sacerdote desprezou as oferendas de Joaquim, dizendo que elas jamais seriam aceitas por Deus. "Você não tem permissão para fazer oferendas porque não foi capaz de fazer um filho!"[1]

A história que se conta é que Joaquim foi expulso do Templo. E que só teria permissão para voltar se fosse capaz de se livrar da maldição. A humilhação foi ainda maior porque tudo aconteceu na frente dos vizinhos que tinham feito com ele a longa viagem de Nazaré a Jerusalém.

Joaquim não aguentou de vergonha e resolveu passar quarenta dias no deserto, em jejum completo, até que Deus se manifestasse. Enquanto isso, achando que o marido morreria de fome ou de sede, Ana se lamentava, inconsolável, e já se considerava viúva. Até a escrava que trabalhava em sua casa a amaldiçoava. "O Senhor Deus fez o seu útero estéril e você não terá filho nenhum!"

Ana ficou muito irritada, tirou as roupas pretas do luto pela suposta morte do marido e colocou o vestido de casamento. Eram três da tarde. Ana foi caminhar no jardim e se sentou debaixo de uma árvore. Começou a rezar.

"Ó Deus dos meus ancestrais, me abençoe e ouça a minha prece assim como o Senhor abençoou Sara e lhe deu um filho."

Quando olhou para cima, Ana percebeu que havia um ninho de pardais no alto da árvore. E se lamentou sozinha, como se falasse com os pássaros. "Pobre de mim! Quem me trouxe ao mundo? Nasci sob uma maldição, diante dos olhos do povo. E fui insultada, ironizada e expulsa do Templo de Deus."

Até que, depois de muitos lamentos, Deus finalmente lhe mandou um anjo.

"Ana, o Senhor escutou a sua reza. Você vai ficar grávida e vai dar à luz, e se falará da sua criança no mundo inteiro."

Ana respondeu que, não importando se fosse menino ou menina, a criança seria oferecida como um presente a Deus, e iria viver para servi-lo. Em outras palavras, conforme se interpretou mais tarde, ofereceu a virgindade da criança como agradecimento ao presente divino.

Ao mesmo tempo, no deserto, Joaquim também conversava com um anjo e ouvia a mesma promessa, que começava com uma explicação sobre os caminhos muitas vezes tortuosos escolhidos por Deus.

"Quando Ele fecha o útero de qualquer pessoa, isso tem uma razão. E de maneira ainda mais maravilhosa Ele pode abrir o útero outra vez, e aquele que nascer não será resultado da luxúria, senão um presente de Deus."[2]

O anjo explicou ainda que, frequentemente, mulheres engravidaram em idades avançadas "e aquelas que eram estéreis tiveram filhos, para sua grande surpresa". Por fim, deu uma série de determinações ao casal escolhido por Deus.

A filha de Joaquim deveria se chamar Maria e ser devota a Deus desde sua infância. Seria preenchida com o Espírito Santo ainda no útero de sua mãe. Não deveria comer ou beber nada que fosse impuro, nem conversar com pessoas comuns, para que não recaísse nenhuma suspeita sobre ela. E, ainda virgem, Maria daria à luz o filho de Deus.

Depois de ouvir as instruções do anjo, Joaquim mandou os pastores que trabalhavam com ele juntarem dez cordeiros para oferecer a Deus. Doze bezerros para os sacerdotes e cem cabritos para o povo.

Na entrada do Templo em Jerusalém, Joaquim e Ana se encontraram e se abraçaram. "Esta viúva não está mais viúva", ela disse. "Eu, que não tinha filhos, agora estou grávida."[3]

Dependendo da versão, passaram-se seis, sete ou nove meses da conversa com o anjo até que Ana sentisse as dores do parto.[4] Uma parteira ajudou no nascimento. Ana esperou alguns dias até que parasse de sair sangue de seu corpo. E, quando enfim poderia ser considerada novamente pura sob a lei judaica, deu o peito à menina.[5]

Por mais curiosa e intrigante que seja, a história do nascimento de Maria não aparece nem na Bíblia católica nem nas outras Bíblias cristãs. Os evangelistas estavam ocupados em descrever a vida pública de Jesus e não se preocuparam em contar detalhes sobre as origens de sua família, muito menos o que aconteceu antes de seu nascimento. Talvez não soubessem. Afinal, os 27 livros do Novo Testamento seguem o estilo literário da época e não foram pensados para ser biografias.

O que existe de mais concreto sobre essa época obscura nos chegou, e continua chegando, pelos enormes esforços arqueológicos que são feitos atualmente em Israel, com uma série de escavações que se abrem e fecham o tempo todo. Numa delas, arqueólogos tentam provar que Maria nasceu em Séforis, capital administrativa da Galileia naquele tempo, cidade moderníssima, grande, influenciada pela cultura grega, agitada pela chegada dos novos-ricos que surgiram no tempo do rei Herodes. E a história faz muito sentido porque Séforis fica a apenas seis quilômetros de Nazaré, onde mais tarde a mãe de Jesus viveria com o marido José. Diz-se até que Jesus trabalhou em Séforis antes de começar a pregação, mas não há sobre nenhuma dessas afirmações muito mais do que indícios ou deduções. Mais de mil anos depois do nascimento de Maria, os conquistadores cristãos que ocuparam Séforis construíram ali uma igreja dedicada a sant'Ana. Por essas razões, há uma tradição que afirma que Maria nasceu em Séforis.

A tradição mais antiga, e também a mais aceita entre os religiosos, diz que Maria nasceu numa gruta em Jerusalém, onde também existe uma igreja dedicada a sant'Ana, onde supostamente teria sido a casa dela e de Joaquim. O lugar é conhecido desde aquele tempo como piscina de Betesda, onde o Evangelho de João afirma que Jesus curou um deficiente físico, bem perto de onde mais tarde se dirá que Maria foi enterrada e elevada aos céus.

Há, por fim, uma terceira tradição, que afirma que Maria nasceu em Nazaré e aos três anos foi levada para Jerusalém. E se podemos contar esta última versão com minúcias e até diálogos é porque, pouco depois de escritos os Evangelhos, surgiram inúmeros relatos preenchendo as várias lacunas que havia sobre as origens de Jesus.

O primeiro texto a falar detalhadamente sobre como teria sido o nascimento de Maria é o Livro de Tiago, também conhecido como Protoevangelho de Tiago, que nos serviu de base para o relato sobre a gravidez de Ana. É um dos inúmeros textos que um dia foram aceitos por grande parte dos cristãos, mas que em determinado momento foram descartados porque os bispos que decidiam os rumos da Igreja Católica entenderam que eram inadequados e decidiram qualificá-los como apócrifos.[6]

A palavra *apócrifo* pode ser entendida como falso, mas também como obscuro — o mais adequado nesse caso, já que, apesar de ver no Livro de Tiago imprecisões e imperfeições, a Igreja Católica não o descartou no princípio. Há muitos padres e teólogos, inclusive, que ainda o utilizam como referência.

Foi, afinal, o primeiro texto a afirmar a virgindade de Maria antes, durante e depois do nascimento de Jesus. Era muito comentado e ensinado pelos primeiros sacerdotes católicos. A tal ponto que, recentemente, foram encontrados 140 manuscritos do Livro de Tiago, sendo que o mais antigo que chegou até nós foi escrito por volta do ano 300 d.C.[7] Mas, como mais tarde haverá divergências e os cristãos vão discutir sobre cada detalhe biográfico e teológico envolvendo Jesus e todos que o cercaram, o Livro de Tiago será ao mesmo tempo aceito pela Igreja Ortodoxa e rejeitado pela Santa Sé.

Para que não se perdesse a história bonita de Joaquim e Ana apenas porque um texto havia sido proibido, era preciso recontá-la, alterando as ideias e palavras que pareciam incorretas, para reintegrá-la ao imaginário católico. E assim, inspirado no Livro de Tiago, surgiu outro texto sobre a infância de Maria, que chegou até nós como Evangelho de Pseudo-Mateus. O nome estranho é porque o texto foi inicialmente atribuído ao mesmo autor do Evangelho de Mateus, o que jamais foi provado.[8]

Ainda que pareçam criativos demais e sejam raros os estudiosos que os vejam como testemunhos biográficos, esses dois textos, o proibido e o autorizado, serviram de inspiração para inúmeras obras de arte. Bons exemplos são os mosaicos belíssimos que contam detalhes do nascimento de Maria no Mosteiro Chora, em Istambul, ou as enormes esculturas de são Joaquim e sant'Ana nas capelas dedicadas a eles em lugares nobres da igreja de Saint-Sulpice, em Paris. Ali, encontramos mensagens talhadas em mármore de Carrara, agradecendo aos dois, e também à filha deles, Maria, por milagres que aconteceram na vida de cidadãos franceses, como a cura de pessoas doentes ou a salvação de crianças que estiveram à beira da morte nos arredores do ano de 1880.

Mais do que inspirarem arquitetos e artistas, como se pode ver em qualquer pedaço cristão do planeta, o Livro de Tiago e o Evangelho de Pseudo-Mateus colocaram são Joaquim e sant'Ana em lugares altíssimos na fé cristã. Aliás, não fosse por esses textos, provavelmente não teríamos nomes para falar dos pais de Maria. Quanto há de verdade e fantasia nos relatos, no entanto, só podemos especular. Mas a história é boa, entrou com força enorme para a tradição cristã e conta também como teria sido a infância de Maria.

Ana fez do quarto da filha um santuário, onde ninguém entrava. Com seis meses, a menina ficou de pé e deu sete passos em direção à mãe. Quando fez um ano, o pai, Joaquim, ofereceu um banquete e ela foi abençoada pelos sacerdotes. No aniversário de dois anos, Joaquim queria levar Maria ao Templo, mas foi convencido pela mulher a esperar mais um ano. Aos três, Maria foi pela primeira vez a Jerusalém. Conta-se que, no momento em que chegou, a menina foi recebida por um sacerdote com palavras que pareciam prever o futuro.

"O Senhor Deus exaltou seu nome entre todas as gerações. Em você, o Senhor vai revelar sua redenção ao povo de Israel nos últimos dias."

Depois de ouvir que um dia, quando chegasse o fim dos tempos, seu filho salvaria o povo de Israel, provavelmente sem entender o que isso significava, a pequena Maria subiu sozinha os degraus que levavam à entrada principal do Templo e não olhou mais para trás. Os pais ficaram encantados e decidiram deixá-la com os sacerdotes para que se juntasse a uma comunidade de virgens, uma espécie de clausura onde as moças ficavam rezando, e apenas rezando. Maria cantava de maneira muito elegante, estudava as leis religiosas e vivia feliz. Quando o dia terminava, se encontrava com um mensageiro de Deus, que lhe trazia comida.

Daqui para a frente não teremos mais qualquer notícia de Ana ou Joaquim. Voltaram para visitar a filha? Morreram? Perderam contato? Os pergaminhos não falam nem mesmo da irmã que será grande companheira de Maria, a ponto de estar ao lado dela até mesmo diante da cruz de Jesus.

Depois da infância mais santa de que se tem notícia, a menina que um dia será chamada Mãe de Deus não podia mais morar no Templo.

Quando Maria completou doze anos, os sacerdotes judeus ficaram preocupados porque uma menina menstruada era, e ainda é, considerada impura. Principalmente pelos ultraortodoxos, aqueles que seguem à risca o que dizem as escrituras da Torá, os cinco livros que trazem a lei judaica e que, não por acaso, são os cinco primeiros livros do Antigo Testamento dos cristãos.

Para que não fiquem dúvidas, veja-se o que está escrito no Levítico, do jeito que a escritura judaica chegou aos nossos tempos. "Quando uma mulher tiver um fluxo de sangue e que seja fluxo de sangue do seu corpo, permanecerá durante sete dias na impureza das suas regras. Quem a tocar ficará impuro até à tarde."[9]

Depois de explicar que a cama, os móveis do quarto e as roupas da mulher menstruada também ficam impuros, a lei judaica, que, portanto, era a lei seguida no Templo de Jerusalém no momento em que se especula que Maria lá viveu, avisa que a impureza da mulher menstruada é contagiosa. "Se um homem coabitar com ela, a impureza das suas regras o atingirá. Ficará impuro durante sete dias. Todo leito sobre o qual ele se deitar ficará impuro."[10] Daí o grande temor dos sacerdotes. Afinal, se eram eles os responsáveis por garantir o cumprimento da lei, como poderiam manter ali alguém que a cada 28 dias teria um novo período de impureza, ameaçando deixar o Templo de Deus impuro também? Aquela menina iluminada que comia alimento trazido por anjos não poderia continuar entre eles.

"O que devemos fazer com Maria para que ela não contamine o santuário de Deus?", foi o que, segundo o Livro de Tiago, perguntaram-se os sacerdotes antes de decidir que era hora de arrumar um casamento para a menina que, afinal, já estava virando moça.[11]

CAPÍTULO 6
A NOIVA PROMETIDA

NÃO FOI MARIA QUEM ESCOLHEU. Aliás, em muitas partes do Oriente Médio, ainda é comum que as noivas sejam prometidas sem que jamais tenham a possibilidade de escolher ou recusar os noivos que lhes aparecem pela frente — feios, bonitos ou terríveis. Nos dois relatos que chegaram ao nosso tempo contando como teria sido a escolha do marido de Maria, a responsabilidade recaiu sobre um pombo.

Pelo que diz o Evangelho de Pseudo-Mateus, o sumo sacerdote Abiatar ordenou que os viúvos da Judeia comparecessem ao Templo, todos levando seus cajados. No dia seguinte, os candidatos chegaram e os cajados foram colocados na parte mais sagrada do Templo, o Santo dos Santos. Seriam os cajados símbolos de masculinidade? Fato é que tais objetos passariam a noite lá dentro, no lugar que se acreditava ser o mais próximo de Deus aqui na Terra.

No dia seguinte, foram feitas oferendas com incensos. O sumo sacerdote, que era o único homem com autorização para entrar no pequeno pedaço do Templo onde ficava a Arca da Aliança, voltou ao Santo dos Santos e retirou os cajados para entregá-los aos viúvos.

O escolhido para se casar com Maria seria o dono do cajado onde pousasse uma pomba que, depois disso, voasse em direção ao céu. Era uma clara indicação de que o marido da mãe de Jesus seria escolhido pelo Espírito Santo, simbolizado pela pomba. Só que nenhuma pomba apareceu e o sumo sacerdote voltou ao Santo dos Santos para fazer uma nova oferenda e rezar.

Foi quando um anjo veio sussurrar no ouvido de Abiatar, alertando-o de que, no momento em que os cajados foram retirados, um deles, o mais curto, ficou esquecido no altar sagrado. O dono do cajado esquecido era José, que foi chamado aos gritos pelo sacerdote.

"Venha buscar seu cajado, estamos esperando por você!"

E o velho homem foi.

Tremendo.

No momento em que José tocou o cajado, "uma pomba mais branca que a neve, extremamente bonita", sobrevoou o Templo e depois de alguns instantes subiu aos céus.[1]

"Sou um homem velho, e tenho filhos", teria dito José. "Por quê vocês entregam a mim essa moça que é mais jovem até que meus netos?"

Abiatar, o mais poderoso dentre os sacerdotes de Jerusalém, lembrou a José que aqueles que se negavam a fazer a vontade de Deus costumavam ser amaldiçoados. Ainda de acordo com o Livro de Tiago, José não queria aceitar o casamento com uma adolescente por medo de ser alvo de zombaria, por causa da diferença de idade entre eles.

Fato é que José aceitou.

Ou melhor, não teve opção.

Foi escolhido para guardar a virgindade de Maria e não podia falhar na missão.

Mas, até a hora do casamento, dizem os Evangelhos, ela continuará na casa dos pais. E lá lhe aparecerá um anjo trazendo a notícia que mudará o mundo, em todos os sentidos e para sempre. Antes disso, no entanto, é aconselhável voltar ao tempo de um homem que disse palavras inesquecíveis, e que serão entendidas como o prenúncio de tudo o que Maria ainda está por viver.

CAPÍTULO 7
O PROFETA E O ORÁCULO

MUITO ANTES DE MARIA ser prometida a José, em mais um período violento na história do Oriente Médio, quando o reino de Judá, a futura Judeia, vivia sob a terrível ameaça de invasões, Deus andava enfurecido, acusando o povo de injusto e pecador, como se a descrença e o descumprimento de seus desígnios fossem o principal motivo para tanto desassossego.

O povo de Judá, nas palavras atribuídas a Deus, era uma raça de malfeitores e pervertidos, com a cabeça e o coração contaminados pela maldade.[1] Era um povo que ignorava as próprias leis e não cuidava dos órfãos, desrespeitava as viúvas, acreditando que bastaria sacrificar animais nos dias de festa no Templo e tudo se resolveria. Mas Deus estava realmente furioso. E, se queria sangue, era dos próprios humanos.

"Estou farto de holocaustos de carneiros e da gordura de bezerros cevados; no sangue de touros, de bodes e de carneiros não tenho prazer."[2]

Deus avisava que todo o ritual que os judeus consideravam sagrado e purificador das almas não servia de nada.

"Basta de trazer-me oferendas vãs: elas são para mim incenso abominável."[3]

Por fim, Deus mandava os judeus pararem de fazer o mal e começarem a ser justos com seus conterrâneos. Ou sofreriam uma grave punição. "Se quiserdes obedecer, comereis o fruto precioso da terra. Mas se vos recusardes e vos rebelardes, sereis devorados pela espada!"[4]

Naquele momento da história em que a espada vivia encostada na cabeça dos judeus, quando Jerusalém estava prestes a ser sitiada pelos inimigos, o mensageiro escolhido por Deus para comunicar sua fúria era Isaías: profeta, poeta e visionário. Isaías apresentava seus oráculos e depois mostrava as provas das vontades divinas, demonstrando um poder sobrenatural, alguns diriam paranormal, milagroso, tão poderoso que conseguia até mudar o caminho das nuvens. E o rei Ezequias não terá a menor dúvida disso.

Foi quando Ezequias quase perdeu a cabeça, tomado por uma profunda melancolia, deprimido porque não conseguia ter filhos e angustiado com as ameaças de invasão. O medo era tanto que Ezequias mandou cercar Jerusalém com uma muralha de pedra com mais de sete metros de largura, tão forte que resistiria por mais de 2.700 anos, até o nosso tempo.[5] O rei caiu de cama com uma úlcera grave e os médicos previram o pior.[6] O próprio Isaías foi ao palácio e avisou que a morte era certa, questão de pouco tempo.

Isaías estava indo para casa quando, enfim, ouviu o chamado: deveria informar ao rei que suas preces e lágrimas haviam sensibilizado Deus, e que todos os problemas se acabariam. Ezequias teria um filho, ficaria curado da doença e ganharia mais quinze anos de vida. Seguindo as instruções do profeta, funcionários do rei encostaram um pão feito de figos sobre a parte da barriga onde acreditavam estar a úlcera do rei, com a promessa de que a cura chegaria em três dias.[7]

Mesmo à beira da morte, o rei Ezequias duvidou. Só acreditaria no oráculo se o profeta fosse capaz de realizar um milagre, algo que mostrasse, de fato, a presença divina. Isaías então perguntou se o rei ficaria satisfeito se a sombra provocada pela luz do sol se movesse. Poderia ser para a frente ou para trás.

E o rei dificultou.

Queria ver a sombra descer exatamente dez degraus nas escadarias do palácio, como se o sol estivesse recuando e fazendo o tempo voltar atrás. Conta-se que a reza de Isaías fez a sombra recuar os dez degraus exigidos, o rei se curou da doença e viveu mais quinze anos.

Como não acreditar num profeta que além de visionário tinha poderes sobre a natureza? Como duvidar do homem que falava com Deus e previa o futuro com exatidão impressionante?

Melhor acreditar.

Ainda faltam, no entanto, mais de setecentos anos para o nascimento de Jesus e, nesses desertos perigosos, dificilmente algum contemporâneo de Isaías imagina que as previsões dele resistirão por tanto tempo. Muito menos que se farão cumprir no corpo de uma virgem de Nazaré.

Logo de Nazaré!?

Afinal, se dirá que nada de bom poderá surgir daquele vilarejo da Galileia, onde Maria receberá um anjo que irá, junto com ela, mudar a história da humanidade.[8]

Mas, não há motivo para preocupação. As palavras de Isaías serão gravadas em rolos de pergaminho e atravessarão os séculos com a força de um oráculo divino raramente contestado e, pelo contrário, venerado, porque, afinal, o que aquele poeta visionário previa, mais cedo ou mais tarde, acontecia.

Assim, fez-se a fama, e chegou o futuro.

Quando Jesus foi fazer sua pregação numa sinagoga de Nazaré, o pergaminho que lhe chegou pelas mãos de um desconhecido se desenrolou, e parou bem na página em que se lia "o Espírito do

Senhor está sobre mim". Era o Livro de Isaías.[9] Ao fim da leitura, para esclarecer o significado daquela pregação, Jesus disse que o cumprimento da profecia que acabara de ler estava ali, bem diante deles. Jesus se anunciava como a realização da velha profecia de Isaías. E os judeus que rezavam na sinagoga se enfureceram, levaram Jesus para o alto de uma montanha onde pretendiam jogá-lo numa viagem irreversível até a morte. Jesus, no entanto, "passando pelo meio deles" conseguiu escapar.[10]

Alguns anos depois, quando Jesus já havia morrido, o livro de Isaías apareceu, de novo, nas mãos de um peregrino etíope que o apóstolo Filipe encontrou quando cumpriu as ordens de um anjo e saiu em pregação pela estrada que ia de Jerusalém a Gaza.[11] O funcionário da rainha da Etiópia trazia o livro aberto na frase que dizia: "como ovelha foi levado ao matadouro" — o que só alguém muito distraído não perceberia se tratar de uma metáfora sobre a crucificação de Jesus. Pelo que está nos Atos dos Apóstolos, o etíope se convenceu de que a profecia falava de Jesus, foi batizado por Filipe e convertido ao cristianismo.

Ao longo dos 2 mil anos que se seguiram a todos esses acontecimentos, o Livro de Isaías foi colocado também, e por diversas vezes, diante de Maria, nas pinturas que retrataram o momento em que ela recebeu a notícia de sua gravidez. Isso aconteceu porque, ainda que muitos estudiosos contestassem, e assim o fazem até os nossos tempos, os apóstolos e os primeiros cristãos entenderam o nascimento de Jesus, e sua missão messiânica na Terra, como o cumprimento inequívoco das profecias de Isaías.

E no momento em que o anjo chegar para comunicar a novidade à moça de Nazaré, será como se o mesmo Deus que sete séculos antes falara pela boca do profeta estivesse falando pela boca de um anjo. Pelo menos assim dirão os cristãos, certos de que o versículo 14 do capítulo 7 do Livro de Isaías anuncia a chegada do Messias.

O ano a que o famoso verso se refere é 734 a.C.

Jerusalém estava mais uma vez ameaçada, cercada pelos exércitos de Israel e de Aram. Isaías, o profeta, tentava convencer o rei de Judá a confiar em Deus e não fazer uma aliança com a Assíria porque isso poderia significar também submissão aos deuses e ídolos que aqueles estrangeiros adoravam.[12] Mas o rei Acaz estava seguro de sua decisão estratégica para salvar Judá e recusou o sinal de Deus, oferecido por Isaías como prova de que seu oráculo era verdadeiro.[13] Em resposta, o profeta se saiu com mais um oráculo.

"Pois sabei que o Senhor mesmo vos dará um sinal: Eis que a jovem está grávida e dará à luz um filho, e dar-lhe-á o nome de Emanuel. Ele se alimentará de coalhada e de mel até que saiba rejeitar o mal e escolher o bem."[14]

Isaías concluía a profecia dizendo que, depois da chegada de Emanuel, os inimigos da Judá seriam destruídos e o povo judeu voltaria a viver dias de glória, possivelmente reunido ao povo israelita sob um único reino, como nos tempos de Saul, Davi e Salomão. No futuro, muita gente interpretará o oráculo de Isaías como o anúncio da chegada do Messias, aquele que livrará o povo judeu da humilhação de ser comandado pelos romanos.

Muitos estudiosos, no entanto, tentarão relacionar a profecia a fatos da época, dizendo que Emanuel — que em hebraico significa "Deus está conosco" — fosse talvez um dos filhos do profeta ou mesmo o filho de alguma das mulheres de Acaz, possivelmente, o rei Ezequias, aquele que ganhou quinze anos de vida e expulsou os deuses pagãos do Templo de Jerusalém.[15] Mas como assim, Ezequias era Emanuel? Logo o rei que entregou tesouros para evitar invasões e viu mais de 200 mil judeus serem expulsos pelas forças estrangeiras? Ezequias jamais reunificou os reinos de Judá e Israel, e jamais foi visto como Salvador.[16]

Como o Messias não chegará nem nos anos nem nos séculos que se seguirem a Isaías e Ezequias, o Evangelho de Mateus não terá dúvidas de que o oráculo se cumprirá com a gravidez de Maria. E quando se acreditar que o escolhido finalmente chegou, o império será romano, a língua mais usada na Judeia será o grego e a palavra hebraica *masiah*, משיח será agora *christós*, Χριστός, o ungido, o Cristo.

Depois de contar que a noiva de José "achou-se grávida pelo Espírito Santo", depois de anunciar que o menino salvará o seu povo de todos os pecados, o Evangelho dirá que "tudo isso aconteceu para que se cumprisse o que o Senhor havia dito pelo profeta: 'Eis que a virgem conceberá e dará à luz um filho e o chamarão com o nome Emanuel'."[18]

Capítulo 8
O cumprimento da profecia

Quem sobe as escadarias da galeria Uffizi, em Florença, e se vê diante da *Anunciação* de Leonardo da Vinci, tem os olhos divididos entre um anjo e uma menina branca, cada um de um lado da tela. Pela cor vermelha do manto, que escorre como uma longa saia abaixo da camisa clara, e pelas asas que parecem emprestadas de um pássaro gigante, é provável que muitos olhos sejam atraídos primeiro para o anjo, que faz um gesto delicado, em claro sinal de respeito àquela mocinha quase tão branca como as nuvens que aparecem ao fundo, com jeito de princesa e auréola de santa, com os dedos da mão direita passeando entre as folhas do livro que, sabemos, é o de Isaías.

Quando o olhar se deixar levar por Maria, sentada diante do anjo, atrás de uma urna de mármore que muitos dirão ser o túmulo de um rei, o visitante verá uma menina e ela lhe parecerá hesitante, entre o estranhamento e o encanto, por causa do menino alado que de repente chega do céu e se apresenta como Gabriel.[1]

Provável é que tenha pensado em sair correndo, mas diz-se que ela parou para refletir e, agora que resolveu lhe dar atenção, podemos imaginar que esteja se perguntando algo como "Então sou eu a virgem que vai dar à luz, e meu filho vai se chamar Emanuel?", referindo-se à profecia de Isaías, transcrita mais tarde no Evangelho de Mateus, com a palavra *virgem* no lugar do original hebraico que dizia *jovem*, e agora apresentada diante de Maria como uma alegre falta de opção decidida por Deus.[2]

O nome não será Emanuel porque assim determinará o anjo. Mas que diferença fará o pequeno detalhe? Se Emanuel traduz-se como "Deus conosco", Jesus, *Yeshua* em hebraico, *Eeashoa* em aramaico, *Iésus* em grego, é o "Deus que salva" e os dois significados são mais do que apropriados a um salvador.

Ainda que a fantasia de Da Vinci coloque a moça em vestes ricas diante do que parece ser um palácio, sabemos que o cenário do famoso acontecimento é uma casa incrustada numa gruta, onde Maria, ainda noiva, continuava morando com os pais, possivelmente a gruta que está preservada até os nossos tempos e se tornou o lugar mais importante da Basílica da Anunciação, em Nazaré, onde, duas vezes ao dia, em todos os dias de todos os anos, os padres franciscanos que tomam conta do santuário rezam e cantam a belíssima oração do Angelus.

Mas quando o anjo chegou, pelo relato de Lucas, não teve canto. Foi espanto.

"Uma virgem desposada com um varão chamado José" recebeu a visita inesperada de Gabriel, o anjo que chegou sem meias palavras, e foi logo apresentando suas credenciais.

"Alegra-te, cheia de graça, o Senhor está contigo!"[3]

Ou seja, o mensageiro anunciava que Maria estava grávida, como se dissesse "Deus está em seu útero", o que nenhum tribunal diria ser heresia porque vai ser exatamente essa a interpretação que fará, 2 mil anos depois, o papa Bento XVI, quando for ele o chefe da Igreja que está sendo concebida por aquele mesmo útero naquele mesmo momento da chegada do anjo.[4]

Mas como a menina ficou intrigada diante daquela saudação arrojada, o anjo resolveu acalmá-la.

"Não temas, Maria!"[5]

Ora, como não ter medo se Maria era virgem, uma noiva de apenas treze, catorze, ou no máximo quinze anos, prometida ao desconhecido José? Como não se assustar com a suposta gravidez... se ela jamais tivera relações sexuais? E, mais ainda, se de repente lhe chega um anjo anunciando tamanha novidade?

Maria pediu explicações. E Gabriel respondeu dizendo que a sombra do Espírito Santo cobriria seu corpo e que, portanto, seu filho seria também filho de Deus, e não de José. Por fim, Gabriel demonstrou a onipotência daquele que o escolhera para tão importante recado. "Para Deus, nada é impossível!", foram as palavras do anjo.

Maria aceitou a missão, respondeu ao anjo que era serva de Deus, dizendo "faça-se em mim segundo tua palavra" e, especulam, com isso redimiu o equívoco de Eva, a mulher que, segundo a tradição judaica herdada pelo cristianismo, trocou Deus pela maçã e inventou o pecado. Depois de ouvir o sim de Maria, o anjo mais importante da História voltou aos céus com a resposta que o chefe certamente ficou satisfeito de ouvir.[6]

Mas há um detalhe, que não é tão desimportante assim, que o anjo não deixou muito claro, que o profeta Isaías não disse, cuja resposta caberá aos homens que vierem mais tarde. Maria é virgem, continua virgem mesmo depois da gravidez, mas... e depois? Continuará virgem ao longo de toda a sua vida?

Por muitos anos, a virgindade será o motivo principal para se falar da mãe de Jesus. Muitas vezes se falará dela apenas como "a Virgem", sem citar seu nome. Afinal, sejamos francos, Maria pouco será lembrada pelos evangelistas, e só mais tarde seu papel de mãe daquele que muitos acreditam ter sido o Salvador será devidamente reconhecido e valorizado.

CAPÍTULO 9
OS PERIGOS DA GRAVIDEZ

QUE A VERDADE SEJA DITA, sem rodeios, porque é fato indiscutível e irrefutável que, ao tomar suas decisões, Deus acabou criando um grande problema (ou foram os homens que criaram?)... Se Maria era virgem e ainda morava com os pais, como chegaria, grávida, dizendo ao noivo que um anjo lhe aparecera anunciando um monte de coisas improváveis, que não aconteceriam a uma mulher comum? Como explicaria ao velho José, a quem ela mal conhecia, e, pior, aos moradores de Nazaré, aquele vilarejo pequeno onde qualquer notícia descia ladeira abaixo em questão de segundos? Como lhes diria que engravidara do Espírito Santo e não de outro homem? Não seria acusada de uma terrível traição?

A falação será inevitável e os primeiros cristãos precisarão dar um jeito nesse problema. Ao mesmo tempo que se esforçarão para explicar o mistério, se verão obrigados a rebater as críticas ferozes daqueles que jamais acreditarão na possibilidade de uma mulher ter um filho sem perder a virgindade, ou de outros que — com ou sem razão — encontrarão motivos para, simplesmente, falar mal dos cristãos. A discussão será longa, e os detalhes sobre a duração dessa virgindade dividirão opiniões até mesmo entre os que não têm a menor dúvida da pureza eterna de Maria.

Será discutido, por exemplo, se a virgindade foi só até o momento do parto, ou se, mesmo depois do nascimento do filho, Maria continuou virgem, como sacramentará o Vaticano. Surgirá também a pergunta sobre a possibilidade de ela e José terem tido filhos depois do nascimento de Jesus, pois, afinal de contas, há muitas menções a irmãos de Cristo no Novo Testamento, e muitos teólogos não veriam nenhum pecado se tivesse sido esse o caminho escolhido por Deus. Mas, pior do que tudo isso (pois essas, até certo ponto, foram discussões aceitáveis entre os cristãos), é que menos de cem anos depois da morte de Jesus, surgirá uma corrente, extremamente perturbadora, pregando que a virgindade era uma grande invenção e que Maria havia traído José.

"Ave-Maria! Só me faltava essa... Minha Nossa!", dá para imaginar as exclamações diante deste livro e a vontade de atirá-lo contra a parede. Acalmem-se, no entanto, leitores cristãos, pois sabemos muito bem que fofocas e boatos surgem em qualquer vizinhança e podem ganhar dimensões assustadoras, principalmente quando existem disputas graves sobre o assunto em questão. Como a pesquisa revela, portanto, Maria e Jesus não foram poupados. Principalmente por aqueles que, naquela época, eram vistos e se viam como inimigos dos cristãos. E as intrigas começaram logo depois que os dois morreram, quando o cristianismo ainda se formava e tentava sobreviver às perseguições no Império Romano.

Em lugares tão distantes como Jerusalém e a Babilônia, no Talmude, a coleção de livros que chegaria ao nosso tempo com mais de 6 mil páginas de tratados sobre leis e costumes judaicos, os rabinos que anotavam cada acontecimento ou comentário considerado relevante escreveram algumas palavras vagas e com base apenas em opiniões infundadas sobre uma mulher que se supõe ser a mesma Maria de quem falamos neste livro, e o filho dela, que se supõe ser o mesmo Jesus.

Mas foram comentários tão incômodos que, muito tempo depois, o historiador Peter Schäfer os chamou de "uma contranarrativa altamente ambiciosa e devastadora para a história da infância contida no Novo Testamento".[1]

Muito antes, no entanto, nos arredores do ano 100 d.C., Justino Mártir, um teólogo importante da primeira safra do cristianismo, gastou algumas páginas de seus manuscritos para acusar os rabinos judeus de calúnia. "Os sacerdotes da sua nação fizeram o nome de Jesus ser profanado diante do mundo."[2]

O problema surgiu com mais ênfase, ou pelo menos foi a parte mais provocativa que chegou ao nosso tempo, no meio de uma discussão desinteressante em que rabinos tentavam decidir se era permitido, ou não, escrever aos sábados (os *shabats*), já que são dias que os judeus devem guardar exclusivamente para Deus.[3] A discussão acabou levando a um certo Ben Stada, que teria saído do Egito para Jerusalém com ensinamentos escritos no corpo — ou seja, tatuagens. E então um dos rabinos perguntava quem era o tal Ben Stada, querendo saber se era o mesmo que também vinha sendo chamado de Ben Pantera. E como *ben* em hebraico significa filho, havia algo incoerente em tudo aquilo, o que fez a conversa acabar se desviando do propósito original. Afinal, perguntavam-se os rabinos, aquele homem com poderes sobrenaturais era filho de Stada ou de Pantera?

Então, ainda no Talmude da Babilônia, num trecho escrito entre os anos 259 e 309 d.C., um dos rabinos disse que Ben Stada e Ben Pantera eram a mesma pessoa. "O marido [da mãe dele] era Stada e o amante era Pantera."[4]

Em seguida, alguém tenta esclarecer quem era a mãe daquele homem, concluindo que Stada não era o nome do marido. "A mãe era Stada", disseram, explicando que o nome Stada era, na verdade, um apelido, a derivação de palavras hebraicas que significavam "aquela que se desviou do caminho".

E a conversa segue no estilo manicure.

"Mas a mãe dele não era Maria, aquela que arrumava os cabelos das mulheres? Como costumamos dizer lá em Pumbedita [uma cidade da antiga Babilônia], aquela que foi falsa com o marido!"[5]

Para encurtar a discussão, que passa longe do comentário religioso, o teólogo luterano Bernhard Pick, em seu estudo sobre as referências a Jesus no Talmude, em 1913, concluiu que, de fato, os dois nomes se referiam ao mesmo homem. "Que aquela pessoa é Jesus está demonstrado claramente pelo fato de que algumas vezes encontramos [no Talmude] os nomes completos: 'Jesus filho de Pantera' e 'Jesus filho de Stada'."[6]

No segmento conhecido como Talmude de Jerusalém, compilado entre os anos 350 e 400 d.C., existem diversas referências ao tal *Yeshua ben Panthera*. Sempre vagas. Numa delas, comenta-se que um rabino foi picado por uma cobra e apareceu diante dele um homem chamado Jacob, identificado futuramente por estudiosos como o apóstolo Tiago, prometendo curá-lo. "Vou falar a você em nome de Jesus, filho de Pantera."

Em outra referência, muito parecida, diz-se que o neto de um rabino tinha algo preso na garganta e, mais uma vez, lhe veio o tal Jacob, ou Tiago, dizendo palavras de cura. "Assim ensinou Jesus filho de Pantera", teria dito, referindo-se a quem o Talmude explica ser Jesus de Nazaré.[7]

Não há, no entanto, na história que relata a suposta traição, nenhuma associação direta entre os nomes de Jesus e Maria. E o nome do marido dessa mulher adúltera não era José. Especulou-se no Talmude que fosse um tal Pappos ben Yehuda, que viveu décadas depois. E para complicar mais ainda, historiadores se perguntam se os rabinos sabiam a diferença entre Maria, a mãe de Jesus, e Maria Madalena, a discípula. Pois numa das citações se referem à mãe de Jesus como *m'gadla nashaia*, o que pode se referir à profissão de cabeleireira mas também lembra muito o nome usado na época para se referir a Maria de *Magdala*.

As referências jamais são explicadas em detalhes ou aprofundadas, e nas outras vezes em que o nome de Jesus aparece no Talmude, seja como um feiticeiro que praticava necromancia, um pregador que tinha apenas cinco discípulos ou um pecador revolucionário que acaba sendo enforcado num sábado da Páscoa judaica, existe, claramente, a intenção de diminuir a importância do cristianismo.

E sobravam motivos para essa rivalidade.

Pois aquela nova religião, ao mesmo tempo que arrebanhava mais e mais fiéis nos domínios romanos, deixava uma terrível mancha no judaísmo, ao estender a todos os judeus a acusação que deveria caber apenas a alguns, pois se dizia abertamente e com muito desprezo que haviam sido eles, os judeus, os culpados pela morte de Jesus. E não se fazia distinção entre os poucos judeus a quem de fato pode-se responsabilizar junto dos romanos (aliás, por que será que nunca culparam os italianos, descendentes dos romanos?) pela decisão de matar Jesus e todos os outros judeus que nada tiveram a ver com aquele assassinato. É como se todos os cristãos pudessem ser culpados pelos crimes cometidos nos tempos das Cruzadas e da Inquisição, o que obviamente não faz sentido.[8]

Fato é que as citações ofensivas feitas por alguns rabinos geraram diversas ondas de revolta entre os cristãos e, em 1242, os livros do Talmude foram queimados em Paris. Mais tarde, em 1632, um encontro de líderes judaicos na Polônia decidiu que todas as referências a Jesus seriam omitidas nas edições futuras do livro, pois o Talmude deveria se ater aos costumes e leis orais do judaísmo e não se meter a falar daquele rabino judeu que, àquela altura, tinha se transformado no centro de outra religião de alcance mundial. A censura funcionou em parte, mas logo surgiram livretos clandestinos que reproduziam os trechos provocativos que tanto incomodavam os cristãos. E, muitos séculos depois, quando a internet quase acabou com qualquer segredo que ainda houvesse no mundo, foi impossível evitar que os trechos proibidos ressurgissem em versões "não censuradas" do Talmude.

Mas a acusação de que Maria traiu o marido, e de que Jesus seria um filho bastardo naquele casamento, apareceu também fora do ambiente judaico, e foi guardada para a eternidade no texto do filósofo grego Celsus, escrito aproximadamente cem anos depois da morte de Cristo.

Era uma ofensa.

E teria desaparecido se não estivesse reproduzida na resposta irritada do teórico cristão Orígenes de Alexandria, no século III.

Era mais uma acusação extremamente ofensiva. E por conta disso Orígenes resolveu desenvolver um livro inteiro rebatendo as afirmações de Celsus, que traziam basicamente o mesmo conteúdo do Talmude.[9]

Celsus, declaradamente anticristão e supostamente informado por fontes judaicas, escreveu que Maria teria cometido adultério com um soldado romano chamado Pantera, e desse relacionamento teria nascido Jesus. Durante a gravidez, segundo o grego, Maria teria sido expulsa de casa por José e inventado a história do anjo Gabriel.[10]

Em seu *Contra Celsum*, o teólogo cristão desconstruiu pacientemente cada argumento da acusação contra a mãe de Jesus. "Deixem-nos ver se aqueles que cegamente concatenaram essas fábulas sobre o adultério da Virgem com Pantera, e sua rejeição pelo carpinteiro, não inventaram essas histórias para contradizer sua concepção milagrosa pelo Espírito Santo [...]. Era esperado, de fato, que aqueles que não acreditam no nascimento milagroso de Jesus fossem inventar tal falsidade."

Orígenes conclui ironicamente sua reação a Celsus.

"De um relacionamento sexual tão profano [como afirma o filósofo acusador] deveria haver nascido algum tolo para cometer injúrias contra o ser humano — um professor de libertinagens e perversidades, e outros demônios; e não [um professor] de sobriedade, e correção, e as outras virtudes."[11]

Celsus virou pó. Ninguém mais fala dele fora dos ambientes acadêmicos. Mas a rivalidade entre cristãos e judeus, que envolvia principalmente a acusação pela morte de Jesus, resistiu com tamanha força que chegou aos nossos tempos.

Atualmente, no entanto, as afinidades vêm se mostrando muito maiores do que as diferenças, ainda mais depois de meio século em que a Igreja Católica faz uma cruzada invertida, reconquistando a amizade de povos com os quais os cristãos tiveram batalhas terríveis no passado. A reaproximação vive um de seus grandes momentos com o papa Francisco, mas começou ainda na década de 1960, quando o Concílio Vaticano II, sob a liderança dos papas João XXIII e Paulo VI, aprovou o documento *Nostra Aetate*, uma reflexão sobre o "nosso tempo", propondo uma reconciliação com diversas religiões, entre elas o judaísmo.

"A Igreja de Cristo reconhece que os primórdios da sua fé e eleição já se encontram, segundo o mistério divino da salvação, nos patriarcas, em Moisés e nos profetas", todos eles judeus. "A Igreja não pode, por isso, esquecer que foi por meio desse povo, com o qual Deus se dignou, na sua inefável misericórdia, a estabelecer a antiga Aliança, que ela recebeu a revelação do Antigo Testamento. [...] Recorda ainda a Igreja que os Apóstolos, fundamentos e colunas da Igreja, nasceram do povo judaico, bem como muitos daqueles primeiros discípulos, que anunciaram ao mundo o Evangelho de Cristo."

E o documento toca na ferida milenar, disposto a fechá-la de vez.

"Ainda que as autoridades dos judeus e os seus sequazes urgiram a condenação de Cristo à morte, não se pode, todavia, imputar indistintamente a todos os judeus que então viviam, nem aos judeus do nosso tempo, o que na Sua paixão se perpetrou."

O documento foi escrito logo depois do Holocausto, quando se estima que mais de 6 milhões de judeus tenham sido mortos pelos soldados da Alemanha nazista apenas por serem judeus. E termina dizendo que a Igreja Católica reprova qualquer tipo de perseguição, "deplora todos os ódios, perseguições e manifestações de antissemitismo, seja qual for o tempo em que isso sucedeu e seja quem for a pessoa que isso promoveu contra os judeus".

Capítulo 10
Lacunas e contradições

Indiscutível, no entanto, é que os boatos sobre Maria se aproveitavam de uma lacuna deixada pelos Evangelhos e outros textos cristãos daquela época. Ninguém tinha explicado direito o que aconteceu a ela e a seu noivo depois da chegada do anjo Gabriel. Os Evangelhos de Marcos e João nem sequer mencionam a gravidez ou o nascimento de Jesus. O Evangelho de Lucas é o mais detalhado sobre a vinda do anjo, mas não fala nada sobre a reação de José. Mateus é o único que reconhece que aquela gravidez decidida por Deus está causando problemas. E logo Mateus, que começa o Evangelho afirmando que Jesus é um descendente distante do rei Davi: "Jacó gerou José, o esposo de Maria, da qual nasceu Jesus, chamado Cristo".[1]

Mais adiante, depois de explicar que Maria engravidou do Espírito Santo antes de ir morar com o marido, o Evangelho de Mateus conta que José chegou a se afastar da mulher quando recebeu a notícia, ainda que fazendo o possível para evitar problemas a ela. "José, seu esposo, sendo justo e não querendo denunciá-la publicamente, resolveu repudiá-la em segredo".[2]

Foi depois disso que um anjo apareceu a José, num sonho, pedindo que aceitasse Maria "pois o que nela foi gerado vem do

Espírito Santo".[3] E José "recebeu em casa sua mulher. Mas não a conheceu até o dia em que ela deu à luz um filho".[4]

Ainda assim, era pouco. Era preciso contar os detalhes do que acontecera nos dias seguintes à aparição do anjo Gabriel para que não restasse dúvida de que a palavra *virgem*, como se supunha inscrita no oráculo de Isaías, se aplicava perfeitamente à história da mãe de Jesus.

E aí, primeiro, voltamos a Lucas.

"Naqueles dias, Maria pôs-se a caminho da região montanhosa, dirigindo-se apressadamente a uma cidade de Judá."[5] Maria saiu apressada porque tinha medo que José soubesse de sua viagem ou porque a caminhada até a casa da prima Isabel era longa? Talvez pelos dois motivos.

O vilarejo de Ein Karem, que se afirma ser a tal "cidade de Judá" nos arredores de Jerusalém, fica a mais de cem quilômetros de Nazaré, o que significa que só depois de alguns dias de caminhada, ainda que levada por um burro, Maria entrou na casa de Zacarias e Isabel. Imediatamente, conta-se, a prima foi preenchida pelo Espírito Santo, reconhecendo em Maria "a mãe do meu Senhor".[6]

Isabel era muito mais velha, e conforme o próprio anjo Gabriel havia contado a Maria, também estava grávida. O menino que os pais chamarão de João será mais tarde conhecido pelos seus rituais de batismo com água no rio Jordão, e batizará o primo Jesus, que, só depois disso, começará sua pregação.

No Museu do Louvre, em Paris, nas inúmeras telas renascentistas que retratam a proximidade entre os dois primos, sem dúvida reforçando a importância do filho de Isabel na origem do cristianismo, chama a atenção o fato de que muitas vezes João Batista parece ser bem mais velho do que o menino Jesus pintado no colo da mãe. Talvez seja apenas licença poética dos pintores, e provavelmente uma forma de mostrar como foi grande aquele homem que precedeu Jesus em sua pregação, a ponto de ser considerado seu mentor espiritual.

Atualmente, no vilarejo onde se supõe que Isabel morava, dentro do que hoje é o Estado de Israel, preserva-se com muito zelo o que se acredita ser um dos cômodos da casa onde Maria teria acompanhado o nascimento do filho de sua prima. À esquerda do altar principal da Igreja de São João Batista, depois de se descer uma escada de mármore, chega-se à gruta transformada em capela. Ali, ou talvez no alto do morro onde se construiu a Igreja da Visitação, também no vilarejo de Ein Karem, Maria passou "mais ou menos três meses" e — provavelmente depois da cerimônia de circuncisão de João Batista, oito dias depois do parto da prima Isabel — finalmente foi ao encontro de José.[7]

O que teria acontecido depois que Maria voltou para a Galileia, em muito mais detalhes do que nos Evangelhos de Mateus, Lucas, Marcos ou João, está no Evangelho de Pseudo-Mateus, o mesmo livro que nos falou sobre a infância de Maria e que, esclarecemos agora antes que seja tarde, não é um texto muito diferente de uma boa fábula italiana.

Quando Maria apareceu grávida pela primeira vez diante de José, segundo Pseudo-Mateus, ele ficou extremamente estressado, tremendo e chorando. Feriu-se no rosto, atirou-se ao chão, e chorou, e reclamou: "Por acaso você se esqueceu de Deus? Como foi capaz de vilipendiar tua alma, você que nasceu do Santo dos Santos e recebeu alimento das mãos de um anjo?".

Maria chorou e disse que não tinha tido contato com homem nenhum. "Pelo Senhor, meu Deus, eu juro que não sei como aconteceu." José não sabia o que fazer, porque se denunciasse Maria como traidora poderia sujeitá-la aos castigos do povo, e ela provavelmente seria morta por apedrejamento, como determinava a lei judaica.

Como também contou o Evangelho de Mateus, foi preciso que mais um anjo aparecesse, dessa vez a José, para explicar-lhe que o filho que ela carregava na barriga era "fruto do Espírito Santo" e se chamaria Jesus. José acordou, agradeceu a Deus e "continuou guardando Maria".

Mas quando o povo descobriu que Maria estava grávida, o livro do tal Pseudo-Mateus conta, José foi acusado de violar a virgem que recebera do Templo de Deus com a missão de apenas guardar. E foi levado ao tribunal. Maria testemunhou em favor de José, e de si mesma, dizendo que não tivera contato carnal com homem algum. Os dois foram postos à prova e conseguiram convencer o povo de que, de fato, não havia sexo envolvido naquela gravidez.

(Relembrando, pois é melhor pecar pelo excesso do que por omissão, que estamos aqui falando do Evangelho de Pseudo-Mateus, que não merece dos historiadores nenhum reconhecimento por algum suposto valor testemunhal, mas apenas por ter trazido elementos que se incorporaram à tradição. Não é por outro motivo, se não o de apresentar as fontes da tradição, que o apresentamos aqui.) Enfim, o texto conclui, Maria e José partiram em cima de burros em direção a Belém.

Os Evangelhos — agora sim, os canônicos, reconhecidos pelas Igrejas cristãs como a principal fonte sobre a vida de Jesus — dizem que essa Belém onde o menino nasceu ficava na Judeia, nos arredores de Jerusalém, a terra onde José teria nascido. E assim se associa Jesus diretamente ao rei Davi, pois foi em Belém que nasceu, mais de mil anos antes, o homem que governou os reinos de Israel e Judá, trazendo um bom tempo de prosperidade aos judeus. E na interpretação dos cristãos, uma profecia, feita pelo próprio Davi, dizia que o messias deveria, obrigatoriamente, ser um descendente de Davi.

Nos Atos dos Apóstolos, o cumprimento da profecia judaica é associado a Jesus Cristo, algo que um judeu dificilmente fará.

"Profeta, e sabendo que Deus lhe havia assegurado com juramento que um descendente seu tomaria assento em seu trono, [o rei Davi] previu e anunciou a ressurreição de Cristo."

A partir do século XX, no entanto, depois da criação do Estado moderno de Israel, uma enorme leva de arqueólogos começou a perfurar cada canto dessa região em busca de comprovar, ou negar, incontáveis fatos citados, nas escrituras cristãs e judaicas.

Um desses arqueólogos, Aviram Oshri, concluiu que Jesus nasceu em outra Belém. O arqueólogo argumentou que a Belém onde Maria deu à luz não poderia ter sido tão distante de Nazaré, porque, afinal, uma mulher grávida de muitos meses, prestes a parir, não viajaria muito bem por dois dias inteiros no lombo de um burro, e que a Belém que deveria merecer o título de terra natal do homem mais importante da História era uma outra cidadezinha da Galileia, a meros sete quilômetros de Nazaré. "Não tenho dúvida, porque toda a vida de Jesus se deu ao redor de Nazaré e do Mar da Galileia", disse o arqueólogo numa de suas inúmeras entrevistas à imprensa mundial.

Nas escavações, ao redor de Belém da Galileia, encontraram-se ruínas de uma muralha, conforme está no Novo Testamento, o que não foi encontrado na Belém da Cisjordânia. E o que nesse caso é bastante importante: uma grande igreja do período bizantino foi construída sobre uma gruta, que o arqueólogo acredita ter sido a mesma onde Maria se recostou, exausta, para ter seu menino. E a descoberta arqueológica faz ainda mais sentido se levamos em conta uma parte do Evangelho de João que revela um debate sobre qual seria o verdadeiro lugar do nascimento de Jesus. Foi quando alguém perguntou: "Porventura pode o Cristo vir da Galileia? A Escritura não diz que o Cristo será da descendência de Davi e virá de Belém, a cidade de onde era Davi?".

A pergunta do Evangelho ficou mal respondida, sugerindo que talvez Jesus tivesse de fato nascido na Galileia. As descobertas de

Oshri não foram levadas a sério e, logo depois que o trabalho foi concluído, tratores assumiram o comando da narrativa para construir ali mais uma estrada. E a parte supostamente histórica de Belém da Galileia voltou para debaixo da terra.

Mas, independentemente de qual Belém tenha sido o lugar escolhido por Deus, antes de chegar ao vilarejo, Maria começou a sentir as dores do parto. Foram todos para uma gruta. Maria e um enteado ficaram esperando, e José foi buscar uma parteira.

CAPÍTULO 11
AS LUZES DO PARTO

CONTA-SE QUE, NA NOITE em que Jesus nasceu, pouco antes do parto, os demônios perceberam que as estátuas proibidas haviam caído, todas ao mesmo tempo. E os demônios foram até Satanás pedir que ele fizesse alguma coisa. Satanás reagiu com desprezo, dizendo que nada havia acontecido.

"Acalmem-se!", ordenou o comandante do inferno.

Por via das dúvidas, o diabo viajou pelo mundo à procura de Jesus, e não encontrou nada. Só mais tarde ficou sabendo que Maria trazia no colo o filho, que estava cercado de anjos. Satanás voltou então a seus assistentes, os demônios, e disse: "Nenhuma mulher jamais engravidou ou deu à luz uma criança sem a minha presença!".

Maria teria sido a primeira.

E aí veio a ordem para que os demônios partissem com pressa para atacar a humanidade, sem pensarem em mais nada.

A fábula dos demônios endiabrados por causa do nascimento de Jesus teria sido criada só algumas décadas depois de sua morte. Chegou até nós, no entanto, num livro escrito muito mais tarde, durante a Idade Média, e se junta a inúmeras narrativas que pretendem relatar ou fantasiar sobre o nascimento mais famoso e importante da história da humanidade.[1] Até o respeitadíssimo Inácio de Antióquia, futuramente santo Inácio, um pioneiro da Igreja, dizia que o diabo havia sido enganado pela virgindade de Maria.[2]

Nos Evangelhos, não se fala sobre esses diabos, mas naquela mesma noite apareceram luzes e anjos enviados por Deus ao vilarejo de Belém, onde os Evangelhos contam que o nascimento se deu. Pastores que cuidavam de seus animais numa montanha, segundo o Evangelho de Lucas, morreram de medo ao serem envolvidos pela luz divina, receberam um anjo e, logo em seguida, um exército celeste, anunciando o nascimento do Salvador.

Pelo que dizem outros textos, que acabaram ficando de fora das diferentes Bíblias cristãs, fez-se também uma luz muito forte no estábulo onde Jesus nasceu. Mas o parto de Maria ganha ainda muito mais detalhes, personagens e fantasia. O Livro de Tiago e o Evangelho de Pseudo-Mateus contam casos tão semelhantes quanto saborosos, que parecem misturar verdade e ficção, como se fossem daquelas obras "inspiradas em histórias reais".

No caminho para Belém, Maria viu dois espíritos. Um deles chorava. O outro estava alegre.[3] Maria relatou a visão a José. E o marido duvidou, dizendo algo como "sente-se em seu jumento, não diga bobagens!".

Foi quando um menino de roupas brancas apareceu diante de José, deu-lhe uma bronca, ordenou que Maria descesse do animal e fosse para uma gruta "onde jamais houvera luz".

Quando Maria entrou na gruta, uma luz muito forte começou a brilhar. Era uma luz tão forte que, pouco depois, no momento em que José voltou apressado trazendo duas parteiras, elas não conseguiam entrar na gruta porque ficaram cegas pela luz.

Maria sorriu e pediu que as parteiras entrassem. Para o nascimento, no entanto, chegaram tarde. Uma delas, Zelomi, logo ficou convencida sobre a virgindade de Maria. Mas Salomé agiu como

Tomé e disse algo como "é preciso tocar para acreditar". Mas aí, conforme conta o texto de Tiago, a paciência divina acabou. Ao fazer o exame para comprovar a virgindade, a mão de Salomé ficou em chamas e começou a desaparecer.[4] "Ai de mim! Minha maldade e minha incredulidade é que têm culpa."

A queimadura na mão de Salomé só se curou quando, seguindo as ordens de um dos anjos que estavam por ali, ela pegou o menino Jesus no colo. "Vou adorá-lo porque ele nasceu para ser o rei de Israel", teria sido a última participação de Salomé nesse momento da história.[5]

O Evangelho de Lucas conta que oito dias depois do nascimento do filho, Maria e José fizeram com que ele fosse circuncidado e em seguida o apresentaram ao Templo em Jerusalém. Foi quando Simeão, um homem bom, abençoou Jesus, o reconheceu como messias e disse a Maria palavras tão assustadoras quanto proféticas. "Uma espada transpassará tua alma!"[6]

Um tempo depois do nascimento de Jesus — não necessariamente doze dias, como reza a tradição, pois não se sabe —, Maria estava com o menino na manjedoura quando chegaram três sábios, provavelmente astrônomos da Pérsia, conforme pensavam os primeiros teóricos cristãos, dizendo ter visto a estrela de Jesus no Oriente. Aos três homens lhes chamamos sábios pois o Evangelho de Mateus, o único que se refere a eles, usa a palavra grega *magoi*, que não quer dizer reis, como a tradição presume, mas apenas sábios.

Os três magos — e houve também quem dissesse que eram doze — trouxeram ouro, incenso e a mesma mirra que se usava na limpeza do corpo dos mortos. Chegaram, supostamente, atendendo a um pedido do rei Herodes, que queria que aqueles homens, fossem eles sábios, reis ou astrônomos, roubassem o filho de Maria. Foi, portanto, cheios de más intenções que eles partiram para a visita. Mas os *magoi* receberam um anjo e, dele, o conselho de não incomodar o menino Jesus. Deveriam fugir do rei assassino.

Ao perceber que seus emissários astrônomos haviam seguido por outras galáxias, Herodes teria dado a seus soldados a famosa ordem para matar todos os meninos de até dois anos que houvesse naquela região. Era uma ordem desumana que a tradição afirma e a história não confirma.

O temor de Herodes, pelo que se conta, era perder o trono para Jesus, ou mesmo para João Batista, outro que desde que nascera era candidato a rei dos Judeus. Zacarias, o pai de João Batista, se entregou e foi assassinado por Herodes numa tentativa de poupar o filho. O Livro de Tiago conta que, ainda bebê, Jesus foi escondido numa gruta, sem dizer exatamente quanto tempo o filho de Maria ficou lá ou como exatamente escapou do rei assassino. Mas o que Tiago não sabe, o Novo Testamento nos conta.

O Evangelho de Mateus diz que foi um anjo de Deus que acordou José com o aviso que mudaria a vida do casal e de seu bebê. "Levanta-te, toma o menino e sua mãe, e foge para o Egito."[7] O anjo explicava que era preciso esconder Jesus porque Herodes "procurará o menino para o matar".

E assim, a família fugiu para a terra africana de onde 2 mil anos antes Abraão fugira da escravidão, de onde Moisés também partiu querendo chegar à Terra Prometida quando recebeu os mandamentos, onde a tradição diz que Jesus viveu seus dois primeiros anos antes de voltar com a mãe e aquele que legalmente era seu pai para passar a infância em uma casa incrustada nas montanhas de Nazaré.

Alguns anos depois, quando Herodes morreu, a família sagrada teria voltado do Egito. Com medo do novo rei, Arquelau, que acabava de assumir o comando da Judeia, foram para a Galileia viver numa casa simples, onde Maria provavelmente cuidou de Jesus; onde, provavelmente, ele aprendeu o ofício de carpinteiro, exercido pelo homem a quem ainda chamava de pai, e aprendeu profundamente os ensinamentos da Bíblia judaica, preparando-se para merecer o título de rabino, encontrar-se com o primo João às margens do rio Jordão, e começar sua pregação.

CAPÍTULO 12
ADELFOS

COMO FORAM OS ANOS de Maria e José no Egito e, depois, na Galileia? Eles mantiveram relações sexuais, como era normal que os casais mantivessem depois do casamento? Ou José continuou firme na missão de guardar a virgindade de Maria, mesmo depois do nascimento de Jesus? Por fim, a pergunta que nos importa neste momento da história: tiveram filhos?

Aceitando o que diz a tradição, acreditando que Jesus é filho de Deus e que Maria ficou virgem pelo menos até o momento do parto — pois depois do parto, como veremos, haverá católicos importantes para duvidar, e isso não lhes custará a cabeça —, é natural que nos perguntemos se, depois, Maria e José, por algum acaso, não resolveram ter filhos.

Ainda que o homem fosse bastante velho, Maria era jovem: não completara nem dezoito anos depois da passagem pelo Egito. Seria necessário manter-se virgem até o fim da vida, mesmo depois do nascimento do filho de Deus?

O Evangelho de Mateus, um dos quatro textos com mais autoridade para falar do assunto, nos deixa dúvidas. Diz que José recebeu em casa sua mulher, "mas não a conheceu até o dia em que ela deu à luz um filho".[1] Então, se foi só "até" o dia do parto, Mateus está dizendo que, depois do nascimento de Jesus, seus pais "se conheceram", para usar a expressão típica da época? E se por acaso houve esse relacionamento íntimo, nasceram outros filhos? "Não há dúvidas!", dirão alguns teólogos, certos de que a palavra grega que se traduziu como "até" não era necessariamente empregada como forma de limitar a ação em antes ou depois de um determinado momento, mas apenas enfatizar que algo acontecera, simplesmente acontecera. Ou seja, que simplesmente "José não a conheceu", e ponto final.

Mas logo nos aparece Lucas trazendo mais lenha para a mesma fogueira.

Quando ainda descrevia os fatos marcantes que aconteceram na manjedoura, na tentativa de plantar certeza, o Evangelho de Lucas acabou semeando interrogações: "E ela deu à luz seu filho primogênito".[2]

"Ora", dirão, "mas se aquele menino é chamado de primogênito, então é porque Lucas sabia que Maria teve outros filhos depois de Jesus!"

Teóricos argumentarão, no entanto, que a palavra *primogênito* tinha valor puramente legal, pois era importantíssima para o cumprimento da lei judaica, e se aplicava a qualquer menino que fosse o primeiro filho de um casal, mesmo que ele não tivesse irmãos. E um bom exemplo disso, citarão aqueles que dizem que Maria não teve outros filhos, é que no Antigo Testamento, no Livro de Números, Deus mandou Moisés fazer "o recenseamento de todos os primogênitos homens dos israelitas, da idade de um mês para cima".[3]

"Ora", perguntaremos em uníssono, "quem pode ter irmãos mais novos com apenas um mês de vida?" Logo, essa mesma tese concluirá que primogênito para um judeu nos tempos do rei Herodes era qualquer bebê que fosse o primeiro filho de um casal. E ponto final.

Mas o Novo Testamento cria ainda mais problemas à tese de que Maria teve apenas um filho. Isso porque, ao usar por diversas vezes a palavra grega *adelfos*, a escritura sugere — e muitos estudiosos dizem que isso basta para tirar qualquer dúvida — que Jesus não era o único filho de Maria. O principal significado da palavra *adelfos*, em grego, é irmão. E não foi outra a razão de essa ter sido a acepção usada nas principais traduções da Bíblia cristã.

"Estando ainda a falar às multidões, sua mãe e seus irmãos estavam fora, procurando falar-lhe", é o que conta o Evangelho de Mateus, antes de fazer a descrição mais detalhada de que se tem notícia sobre o que pode ter sido a família de Maria e José. Foi depois de contar algumas parábolas numa sinagoga que o povo começou a se perguntar de onde vinha toda a sabedoria daquele homem milagroso. "Não é ele o filho do carpinteiro? Não se chama a mãe dele Maria, e os seus irmãos Tiago, José, Simão e Judas? E as suas irmãs não vivem todas entre nós?"[4]

"Aí está", dirão aqueles que duvidam dos católicos, dos ortodoxos e de outros cristãos, "os próprios evangelistas disseram que Jesus tinha irmãos e irmãs!" E, de novo, estamos diante de uma discórdia difícil de remediar. Alguns cristãos não terão o menor problema em pensar que, talvez, Maria possa ter tido outros filhos. E, entre os que não se incomodam, encontraremos Quintus Septimius Florens Tertullianus, o norte-africano Tertuliano, que entrou para a história como o pai do cristianismo ocidental, um dos primeiros a escrever sobre Cristo em latim. Pois Tertuliano deixou bem clara a sua posição, dizendo que as escrituras só afirmam a virgindade de Maria no momento em que o anjo Gabriel anuncia que ela está grávida, e não falam nada sobre o que aconteceu depois.

O Evangelho de Marcos traz outra narrativa sobre a presença dos supostos irmãos de Jesus. "Chegaram então sua mãe e seus irmãos e, ficando do lado de fora, mandaram chamá-lo. Havia uma multidão sentada em torno dele. Disseram-lhe: 'Eis que tua mãe, teus irmãos e tuas irmãs estão lá fora e te procuram'. Ele perguntou: 'Quem é minha mãe, e meus irmãos?'."[5] Em seguida, Jesus disse que todos os que fizessem a vontade de Deus seriam seus irmãos, irmãs e sua mãe. E Marcos completará, assim como o fez Mateus, que os irmãos de Jesus se chamam Tiago, José, Judas e Simão.[6] O Evangelho de Lucas relatou o mesmo acontecimento e também se referiu aos irmãos e irmãs de Jesus, mas não disse nome nenhum.

Por fim, o último Evangelho a ser escrito, o de João, depois de relatar o que teria sido o primeiro milagre, ao transformar água em vinho num casamento em Caná da Galileia, contou qual foi o destino seguinte de Jesus e daqueles que o acompanhavam. "Desceram a Cafarnaum, ele, sua mãe, seus irmãos e seus discípulos, e ali ficaram apenas alguns dias."[7]

Um pouco mais adiante, o Evangelho de João relata um momento em que Jesus não podia entrar na Judeia, porque era procurado, e por isso estava pregando na Galileia. Foi quando "seus irmãos" lhe disseram que fosse à Judeia, "pois ninguém age às ocultas quando quer ser publicamente conhecido".[8] E o Evangelho prossegue, dizendo que "nem os irmãos criam nele".[9]

Mas, afinal, há motivos para se acreditar na existência dos irmãos de Jesus? Eram filhos de José e de Maria? Eram primos, como dirão alguns estudiosos, e como se dirá também dentro da Igreja Católica, afirmando que a palavra grega *adelfos* usada pelos evangelistas poderia ter outros significados? Ou eram irmãos de Jesus por serem filhos do primeiro casamento de José, como a Igreja sentenciou em seus primeiros momentos?

Há sobre isso um relato de valor histórico, e não religioso, que para muitos estudiosos é considerado a maior prova da existência de Jesus. Em seu livro *Antiguidades judaicas*, o historiador judeu-romano Flávio Josefo, que nasceu pouco depois da morte de Jesus, faz uma menção importante ao filho de Maria. E o curioso é que o texto de Josefo fala, antes de tudo, de Tiago, supostamente o irmão de Jesus. É mais um texto escrito originalmente em grego, como os Evangelhos e, portanto, segundo alguns estudiosos, a palavra *adelfos* poderia mais uma vez significar que Tiago era meio-irmão ou primo de Jesus. Na forma como chegou aos nossos tempos, correndo todos os riscos de haver sido alterado, o texto do historiador Josefo nos informa que, no ano 62, um novo procurador romano que acabava de chegar à Judeia reuniu os sacerdotes judeus, num julgamento que em muito lembra o de Jesus, e apresentou a eles um grupo de homens acusados de descumprimento da lei. Entre eles, "o irmão de Jesus, a quem chamavam Cristo, cujo nome era Tiago".[10]

Assim, um historiador de origem judaica que servia aos romanos, e que jamais seria cristão, atesta a existência de Cristo e de um irmão dele, Tiago, que também foi chamado de "irmão de Jesus" pelos evangelistas.

Josefo conclui a história desse *adelfos* de Jesus dizendo que Tiago foi morto por apedrejamento. E logo adiante afirma que outro Jesus, filho de um tal Damneus, foi conduzido ao cargo de sumo sacerdote. Não poderá ser verdade então que, no primeiro trecho, algum copista, seguindo as ordens de um chefe mal-intencionado, possa ter substituído as palavras "filho de Damneus" por "aquele a quem chamam Cristo" para tornar a existência de Jesus ainda mais real e incontestável? Será que esse Tiago apedrejado até a morte era filho de Damneus e não de José e Maria? A história nos serve, no mínimo, para lembrar como o nome Jesus era comum na Judeia. E como seria fácil que alguém se equivocasse ou deliberadamente trocasse um pelo outro, como afirmou o historiador americano Richard Carrier, um ateu que tenta provar que Jesus Cristo jamais existiu.

Capítulo 13
O milagre no casamento

Fossem sobrinhos, filhos ou enteados, aqueles jovens que a Bíblia cristã identifica como irmãos de Jesus eram muito próximos a Maria. Estiveram a seu lado quando ela foi tentar falar com o filho durante uma pregação na sinagoga, e estão também agora com a mãe, tia ou madrasta no momento em que os cristãos um dia verão como um dos mais importantes de sua vida. Tão importante que será a base de toda a devoção que surgirá após a sua morte, abrirá o caminho para que qualquer católico possa se comunicar com aquela a quem nos momentos difíceis chamarão muito mais intimamente por "Mãe" do que pelo mais distante "Nossa Senhora" para pedir e obter graças, numa fé tamanha que moverá montanhas, levará cura a enfermos, mudará o curso de muitas vidas fadadas ao abismo e se tornará ainda mais gigantesca com o passar dos séculos.

O Evangelho de João é o único a narrar o milagre da transformação de água em vinho, um momento que será por tantas vezes relembrado e celebrado. Começa com a simples afirmação de que "houve um casamento em Caná da Galileia e a mãe de Jesus estava lá".[1]

Será o casamento mais importante da história. Sim, mais até do que o casamento de José e Maria, pois, digamos aqui sem rodeios, subterfúgios ou qualquer tentativa de tergiversação, o começo do casamento que formou a Família Sagrada foi meio atordoado pela chegada inesperada de um anjo e de uma gravidez que causou desconfiança, não teve cerimônia, ou pelo menos ninguém achou por bem registrá-la, e, apesar da relevância indiscutível do homem escolhido para ser o marido da mulher mais importante da História, está dito, repetido e oficializado que não foi dele que nasceu Jesus.

O casamento que mudou o mundo, por outro lado, foi tão memorável que mereceu até título, como se fosse um filme, um livro, ou, no mínimo, um capítulo de um livro, como de fato foi. As Núpcias de Caná, ou Bodas de Caná, como preferem alguns, começaram desimportantes, com um noivo e uma noiva que permanecerão anônimos, que eram judeus como Maria e seu filho, e que provavelmente não eram muito ricos, ou pelo menos não muito precavidos, porque lhes faltou vinho justamente no dia em que deveria sobrar.

Não fosse pelos acontecimentos sobrenaturais que se sucederam à falta de vinho, certamente o casamento em Caná seria apenas mais um, e não teria merecido uma pintura de quase sete metros de altura por quase dez de largura, a maior de todas as que estão no museu francês do Louvre, assinada pelo italiano Paolo Veronese e colocada na mesma sala da pequena e sorridente *Mona Lisa*, uma de frente para a outra.

Quando o visitante se aproxima do quadro pintado em 1563, fica pequeno diante dos cântaros de onde brota o vinho milagroso. Há uma riqueza impressionante, um banquete diante do que parece ser um palácio, que sabemos ser inspirado na basílica de São Jorge Maior, construída um milênio e meio depois dos fatos ali narrados, na ilha que leva o mesmo nome, na cidade italiana de Veneza. Os convidados da boda renascentista vestem roupas coloridas e elegantes, alguns parecendo reis, escutando a música que vem de dois instrumentos de cordas. No centro da mesa, estão Maria e seu filho, num momento sem igual na história da pregação de Jesus.

A pintura, como dissemos, exagera. Mas exagera por que o pintor inspirado viu naquele casamento um momento tão grandioso que não havia como fazê-lo pobre, ou desimportante, ou numa tela de tamanho comum. É uma obra de arte tão ousada quanto gigantesca, sobre um momento igualmente gigantesco da História.

No relato bíblico, a festa que quase foi um vexame, que quase acabou antes do tempo por falta de vinho, chegou até nós por um Evangelho que os estudiosos afirmam ter sido escrito mais de cinquenta anos depois da morte de Cristo, com os detalhes do que teria sido o primeiro milagre do filho de Deus.

"A mãe de Jesus lhe disse: 'Eles não têm mais vinho'", conta o Evangelho, antes de sugerir que Jesus não está disposto a atender ao pedido daquela que não chama de mãe, como não chamará no dia em que estiver pregado na cruz. "Que queres de mim, mulher? Minha hora ainda não chegou."[2]

A última frase será interpretada como uma preocupação de Jesus com o fato de que a hora fixada por Deus para sua glorificação não havia chegado, ou seja, porque ainda não era aquele o momento em que seu sangue seria derramado em nome de uma nova Aliança, o mesmo sangue que momentos antes de sua morte, na Última Ceia, Jesus dirá ser o vinho que ele compartilha com os apóstolos.[3] E Maria, a quem Jesus se refere simplesmente como "mulher", o que na visão de muitos teóricos indica que ele já a enxerga como uma seguidora, queria que o filho fizesse um milagre que, aparentemente, não estava nos planos divinos. Como dirá o papa Bento xvi, ao falar que não chegou sua hora, Jesus estará associando aquele momento ao dia de sua crucificação.

Fato é que, ao fazer com que o filho mudasse de ideia, Maria conquistou um lugar altíssimo no coração de grande parte dos cristãos, como a intercessora, aquela que pode pedir a Jesus que atenda aos desejos das pessoas comuns, mesmo que eles pareçam tão desimportantes como abastecer um casamento com o vinho que está faltando.

Por fim, mesmo que aparentemente não tivesse a intenção de agradá-la, como se não estivesse num dia muito bom para fazer um milagre, Jesus atendeu ao pedido. "Sua mãe disse aos serventes: 'Fazei tudo o que ele vos disser'."[4]

O Evangelho conta que havia seis jarros de pedra, que serviriam para a purificação dos judeus no casamento, grandes o suficiente para receber o que estudiosos calcularam em nada menos do que 520 litros de água, que se transformarão em exageradíssimos 520 litros de vinho, segundo a interpretação católica, anunciando que a festa de Deus com a humanidade está apenas começando.[5]

"Jesus lhes disse: 'Enchei as talhas [os jarros] de água'. Eles encheram até a borda. Então lhes disse: 'Tirai agora e levai ao mestre-sala'."[6] O responsável pelo banquete não sabia de nada, provou o vinho e foi elogiar o noivo. "Todo homem serve primeiro o vinho bom e quando os convidados já estão embriagados serve o inferior. Tu guardaste o vinho bom até agora."[7]

E assim, ao atender ao pedido da mãe, transformando água em vinho, Jesus dava seu primeiro sinal, deixando clara sua missão aqui na Terra, e também, conforme uma parte dos cristãos interpretará mais tarde, mostrando que uma nova era estava por começar, com o melhor vinho, o próprio Jesus, representando uma nova Aliança.[8]

No mesmo capítulo, quando se aproximar a data da crucificação, o Evangelho de João repetirá essa ideia, no momento em que Jesus chegar a Jerusalém, revoltado, revirando as mesas dos cambistas e usando um chicote para expulsar do Templo os vendedores de bois, ovelhas e pombos, ordenando que não fizessem da casa do pai dele um lugar de comércio. E ao ser desafiado por judeus que lhe pediam um sinal, algo que confirmasse que deveriam agir daquela forma, Jesus lhes responderá com um desafio. "Destruí este santuário, e em três dias eu o levantarei."[9]

Jesus não estava mandando destruir o Templo, explicará logo em seguida o mesmo Evangelho. Era um anúncio cifrado, quase um enigma. Depois que destruíssem o santuário de seu corpo, o filho de Deus ressuscitaria no terceiro dia. Seria o começo de uma nova fé, que muitos dirão estar sendo fundada pelo próprio Jesus às vésperas de sua morte, num momento em que Maria teve papel fundamental e inesquecível.

Caná, no entanto, o vilarejo onde se casaram aqueles judeus desconhecidos e, no fim, possivelmente até embriagados pela fartura de vinho, ficou esquecida na geografia do Oriente Médio.

No moderno Estado de Israel, existem duas candidatas a ser a Caná do milagre. Uma delas é um vilarejo chamado Kfar Kanna, onde desde 1641 os franciscanos, que são os guardiões da Santa Sé na Terra Santa, mantêm uma igreja, e onde há também uma igreja ortodoxa, onde os gregos afirmam estar dois dos seis jarros de pedra que serviram às Bodas de Caná. Muito perto dali existe ainda outro vilarejo, chamado pelo nome árabe de Kana-al-Jalil, onde desde a Idade Média, e, portanto, antes da chegada dos franciscanos, há sinais de peregrinações cristãs.

Mas há ainda uma terceira Caná onde hoje é o Líbano, que foi a escolhida pelo bispo Eusébio de Cesareia, um dos primeiros historiadores cristãos, como o vilarejo onde aconteceu o famoso casamento.

O que sabemos com uma boa dose de certeza, no entanto, é que depois de sair de Caná, Maria seguiu com Jesus até Cafarnaum, na beira do Mar da Galileia, e acompanhou os três anos de sua pregação, até vê-lo pela última vez numa cruz no alto do Monte Calvário, nos arredores das muralhas de Jerusalém. Teve papel importante no começo e no fim da pregação do filho. Morreu, como sabemos, não muito tempo depois.

Mas, ainda que tenha sido levada aos céus como afirmam católicos e ortodoxos, Maria jamais deixará esta Terra. E para entender como ela passará a ser chamada de Nossa Senhora e se tornará a mulher mais amada entre todas as mulheres, o melhor é seguir viagem com os apóstolos, pois temos certeza de que eles saíram de Jerusalém e chegaram a Roma — que, aliás, está pegando fogo.

Theotokos, a mãe de Deus

CAPÍTULO 14
AS FOGUEIRAS DE NERO

DEPOIS DE VER O CIRCO e metade de Roma pegar fogo, depois de descobrir que não haveria deus ou deusa capaz de livrá-lo da acusação de ter encomendado o incêndio, o imperador Nero Cláudio César Augusto Germânico procurou entre os moradores da capital do Império aqueles que mais facilmente poderiam ser acusados pelo crime hediondo que pesava sobre seus ombros. Submeteu-os às torturas mais terríveis, arrancou confissões inverídicas e não encontrou qualquer resistência popular quando os entregou ao tribunal para que se decidisse qual seria a pena de morte de cada um dos supostos criminosos. Afinal, pelo que escreveu o historiador romano Públio Cornélio Tácito, os acusados eram pessoas que "por causa de seus crimes detestáveis já eram verdadeiramente abominadas por todos, e conhecidas popularmente pelo nome de cristãos".[1]

Estamos ainda no ano 64 do primeiro século da Era Cristã. Diz-se que nesse mesmo ano alguém está escrevendo o texto que será conhecido como o Evangelho Segundo São Marcos. Não faz muito tempo que Maria e Jesus morreram. E faz menos tempo ainda que os cristãos começaram a conquistar adeptos em Roma. Tácito dirá que aquela "superstição perniciosa primeiro foi reprimida, mas renasceu e se espalhou não apenas sobre a Judeia, onde o mal surgiu, mas também sobre Roma".[2] E os boatos se espalham agora como fogo em casa de madeira.

Tribunais romanos acusam cristãos de infanticídio, ateísmo, incesto e até canibalismo, pois dizia-se que estavam usando carne e sangue humanos em rituais macabros.[3] São acusações mentirosas. Mas o imperador não quer saber. Precisa de bodes expiatórios para sangrarem em seu lugar. E os cristãos servem perfeitamente ao propósito.

Durante sessões de tortura, os primeiros prisioneiros revelaram os nomes de alguns companheiros de Igreja. "Uma imensa multidão foi condenada, não tanto pela acusação de incendiar Roma, mas por seu ódio contra a humanidade", registrou, tendenciosamente, o historiador Tácito.[4]

Nero queria aproveitar para transformar a morte daqueles a quem chamava de supersticiosos num grande espetáculo. Ofereceu os jardins do palácio para a barbárie que viria em seguida. Cristãos foram vestidos com pele de animais e entregues aos cachorros, que os devoraram. Outros tiveram pregos enfiados nas mãos para serem presos às cruzes onde ficaram, ainda vivos, até apodrecer. Por fim, o imperador romano que parecia ter um apreço incomum por incêndios determinou que os seguidores de Cristo fossem queimados vivos — mas só ao anoitecer, porque seus corpos em chamas deveriam servir para iluminar a cidade.

Nero pegou sua carruagem, misturou-se ao povo e assistiu à carnificina no meio deles, vestido de cocheiro, como fazia quando se exibia na plateia do circo, durante corridas de bigas, ou em algum duelo de gladiadores.

Durante quase trezentos anos, cristãos comerão o pão que Nero e outros imperadores amassarem, condenados simplesmente por serem cristãos. Nesse tempo, ainda que qualquer intervenção divina seja bem-vinda e necessária, se falará muito pouco sobre Maria.

No ano 112, Plínio, o Jovem, era governador de uma província romana em terras que atualmente fazem parte da Turquia, quando escreveu uma carta perguntando ao imperador Trajano o que fazer com os cristãos. "Desconheço não apenas a natureza de seus crimes, ou a medida de suas punições, mas até que ponto é apropriado abrir processos envolvendo [os cristãos]."[5]

Plínio percebeu que aqueles religiosos rezavam para Cristo "como se fosse uma divindade", unindo-se por meio de um juramento solene, que sabemos serem os mandamentos, "não com alguma intenção maldosa, mas com o propósito de não cometer fraude, roubo ou adultério, e nunca mentir". Ainda assim, o governador romano relatou ao imperador que mandou punir alguns cristãos porque aquela "obstinação religiosa" era tão inflexível que merecia castigo. "Pergunto se eles são cristãos. Se eles admitem, eu repito a pergunta uma segunda e uma terceira vez, ameaçando-os com a pena de morte; se eles insistem, eu os condeno à morte."

Por fim, Plínio alertou o imperador de que "esta superstição contagiosa não está confinada apenas às cidades, mas espalhou sua infecção pelas vilas da vizinhança e pelos campos".

Aos olhos de um cristão moderno, é uma ofensa tão terrível quanto inimaginável. Aos olhos de alguém que não é religioso mas acredita em liberdade de religião, é igualmente inaceitável. Como assim? Chamar um padre, pastor ou bispo de supersticioso e, pior ainda, chamar a crença de um povo de contagiosa e infecciosa? Mas ainda estamos nos anos cento e pouco, quando o nome de Jesus Cristo está proibido e o de Maria, digamos, adormecido.

Será preciso muita perseverança, e muita fé, para aguentar o castigo imposto àqueles que confessarem sua crença em tudo o que aconteceu na Judeia. E, importantíssimo!, para afirmar que Jesus é de fato o filho de Deus, e não de um homem, será preciso defender a ideia de que o corpo de Maria não se corrompeu. "Nem antes nem depois do nascimento de Jesus", dirão muitos.

Capítulo 15
EM DEFESA DA VIRGINDADE

FAZ POUCO MAIS de um século que Maria deu à luz o menino que, depois de morto, está mudando a história do Império. Os cristãos andam muito ocupados em organizar suas comunidades, ainda mais depois de terem saído da Judeia. Cada vez mais, os seguidores de Jesus fazem inovações dentro do judaísmo. São subversivos dentro do seu próprio grupo religioso. Talvez ainda não tenham percebido mas pouco a pouco, com muito esforço e sangue, estão fundando uma nova religião. Ainda mais depois da tragédia que foi o ano 70, quando o Templo que os afirmava como judeus foi destruído por ordem do imperador Tito e a ideia de que Deus estava dentro daquela construção de pedras em Jerusalém ficou mais distante.

Os seguidores de Jesus agora se chamam cristãos. E tentam se adaptar aos novos tempos. Começando pela revisão de um dos significados da palavra Messias, que não pode mais ser um salvador com a missão de reunificar dois reinos do povo judeu ou instalar um reino de Deus em Jerusalém, pois agora muitos deles estão morando na Síria, na Gália (futura França), no Egito ou em Roma — e aquelas ideias sobre o que era o Messias não fazem muito sentido.

O prometido reino de Deus foi transferido da terra para os céus. Não se deve mais esperar um governo justo nesta vida sem sentido, menos ainda nestes desertos sem justiça, pois há uma vida muito melhor e mais justa que esta: depois da morte. Na leitura feita por alguns teóricos, "a promessa de ressurreição do corpo se transformou na imortalidade da alma".[1]

Entre os novos cristãos, há cada vez mais fiéis que até recentemente acreditavam nos inúmeros deuses do paganismo, acostumados à ideia de que existe uma divindade diferente para cada tipo de mal e agonia — e haverá quem diga que essa influência jamais abandonará a fé cristã.

Os pregadores que divulgam as palavras de Cristo estão em busca de apoio e querem também conquistar os ricos.[2] Logo estes, a quem Jesus por tantas vezes condenou ao inferno!? E, aliás, não era mais fácil para um camelo entrar no buraco de uma agulha do que um rico entrar no Reino dos Céus?[3] Os abençoados não eram os pobres? Não foi isso o que Jesus disse no Sermão da Montanha?[4] Disse.

Mas não é isso o que se está dizendo nos encontros dos seguidores do filho de Maria. A riqueza está aos poucos deixando de ser um crime inafiançável aos olhos divinos. Tampouco há motivos para críticas à escravidão, pois não existe rico que não tenha pelo menos um punhado de escravos, e as doações dos ricos vão se tornar cada vez mais fundamentais para financiar os cristãos que abandonarão suas famílias e propriedades para viverem unicamente dedicados à Igreja.

"Servos, obedecei em tudo aos senhores desta vida, não quando vigiados, para agradar a homens, mas em simplicidade de coração, no temor ao Senhor", escreverá o apóstolo Paulo, pedindo obediência, numa de suas cartas evangelizadoras.[5] A própria Maria começará a ser descrita como filha de um homem rico, dono de escravos.

Muitos outros mártires surgirão pelo caminho, como Policarpo, torturado e depois queimado vivo porque se recusou a negar sua fé em Jesus. Muitos heróis ainda serão mortos em defesa da

Igreja, como o apóstolo Pedro, que depois de preso e acorrentado foi crucificado no morro chamado Vaticano, num dos capítulos mais importantes da guerra que se travou em Roma para tirar o cristianismo das catacumbas e levá-lo, quem diria, ao Palatino. E logo aparecerão também os primeiros teóricos do cristianismo, muitos deles dizendo coisas que levarão cristãos a amaldiçoarem cristãos, como o fará o bispo Ireneu, com suas milhares de páginas dedicadas a condenar heresias e defender aquilo que entendia como certo para o futuro de sua religião.

Até então, Maria era personagem coadjuvante, com apenas seis falas na tragédia sagrada dos Evangelhos, sem a importância que um dia terá — sem que ninguém imagine em quantas Marias ela irá se multiplicar ao receber o título de Nossa Senhora e começar a ser cultuada por meio de imagens às quais se atribuirá o poder de fazer milagres e interceder junto a Jesus para que ele atenda aos pedidos dos fiéis.

Por enquanto, a palavra Virgem, com letra maiúscula, é muito mais importante do que aquele nome tão comum entre as mulheres de seu tempo, que em aramaico se dizia Mariam, em hebraico Miriam, em grego Mariamne, e que só alguns séculos depois de sua morte, quando a sede da Igreja estiver bem fincada em Roma, começará a ser ouvido em sua versão latina, católica e, agora, universal, Maria.[6]

Antes de ser decapitado no ano 165, o filósofo Justino escreveu um extenso diálogo em que ele próprio conversa com um judeu chamado Trifão. No diálogo, que alguns supõem verdadeiro, vemos Maria, ou melhor, a Virgem, pela primeira vez ganhando alguma importância naquilo que os cristãos acreditam ser a história da salvação da humanidade. "Ele se tornou homem através da Virgem para que a desobediência que proveio da serpente fosse destruída da mesma maneira como nasceu".[7]

O pensamento será levado adiante, décadas depois, pelo bispo Ireneu, o santo Ireneu. Nos manuscritos do bispo, Maria será descrita como aquela que veio ao mundo para redimir o terrível pecado de Eva — a personagem mitológica da Bíblia que, segundo o Livro do Gênesis, mereceu toda a culpa pelos males que nos afligem; pois foi a primeira mulher, criada da costela do primeiro homem, que ignorou as instruções de Deus, foi seduzida pela serpente, mordeu o fruto da Árvore do Conhecimento e, assim, expulsou a humanidade do Paraíso.

Ainda que o Gênesis diga que Adão "conheceu" sua mulher, ou seja, que manteve relações sexuais com ela para dar vida a seus dois filhos, o bispo Ireneu se refere a Eva como uma virgem. Afinal, foi antes do sexo que ela cometeu o grande pecado de querer saber mais do que deveria.

"Se a humanidade caiu no cativeiro da morte por meio de uma virgem, foi resgatada por outra virgem", escreveu o bispo Ireneu, acrescentando que Maria foi convencida por um anjo de que valia a pena ser obediente a Deus.

Ireneu aproveitou para condenar aqueles que propagavam a ideia de que Jesus era filho de José, "ignorando a profecia que dizia que Ele deveria nascer de uma virgem".[8] Mas se havia tanta explicação sobre a virgindade de Maria, era porque tinha quem duvidasse. Até mesmo aquele que será considerado um dos patronos da Igreja, o respeitadíssimo norte-africano Tertuliano, encontrou no Novo Testamento uma brecha para questionar a virgindade de Maria depois do nascimento de Jesus.

"Como foi nesse sentido que o apóstolo declarou que o Filho de Deus não nasceu de uma virgem, mas 'de uma mulher', ele reconheceu com essa declaração a condição do 'ventre aberto' que acontece no casamento."[9]

Tertuliano entendia que Maria havia deixado de ser virgem no momento em que o corpo de Jesus saiu de seu útero, e afirmava que os irmãos citados pelos Evangelhos eram de fato irmãos de sangue de Jesus.

"Embora ela fosse virgem quando concebeu, ela era uma esposa quando deu à luz seu filho. Então, como uma esposa, ela estava sob a própria lei da 'abertura do útero'."

As partes controvertidas das teorias de Tertuliano em breve serão ignoradas e Maria será, cada vez mais, eternamente virgem aos olhos da Igreja Católica e dos fiéis. E assim, virgem antes e depois do parto, chegaremos aos importantíssimos anos 300, quando Maria ganhará papel de destaque e também novas cores e funções no momento em que os romanos abraçarem seu filho e o mundo praticamente inteiro se tornar cristão.

CAPÍTULO 16
OS DEUSES DO IMPERADOR

A IGREJA MAIS IMPORTANTE entre todas as igrejas teve que ser construída com uma cúpula gigantesca e um pé-direito altíssimo, larga o suficiente para abrigar um mausoléu de mármore talhado, erguido alguns anos antes, abrigando um túmulo, também de mármore, no lugar onde um dia teria havido uma gruta fechada por uma grande pedra, onde os emissários de um imperador romano concluíram que um dia foi enterrado Jesus. Mas para que a basílica do Santo Sepulcro começasse a ser construída, no ano 335 d.C., foi preciso, primeiro, se livrar do templo pagão erguido duzentos anos antes no mesmo lugar.

O templo construído por ordens do imperador Adriano ficava em cima do entulho e de toda a terra que fora jogada sobre o que se acreditava ter sido o túmulo de Jesus, para que se esquecesse daquele pregador incômodo e ali fosse venerada a deusa grega Afrodite, a quem os romanos chamavam Vênus. Era o culto à beleza, ao sexo e à fertilidade no lugar onde estiveram anjos, onde a Virgem Maria rezara pelo filho que, àquela altura, não estava mais ali dentro. Por mais ofensiva que pareça, assim foi a história, do jeito que os homens a fizeram.

E era uma questão de imperador.

Pois se Adriano quis acabar com os cristãos, Constantino foi o primeiro imperador romano a aceitá-los e, dizem, se converter ao cristianismo. Foi supostamente depois de sonhar com uma cruz, no ano 312, que ele venceu uma batalha importantíssima às portas de Roma e mandou construir igrejas em todos os lugares por onde Jesus passara, muitas delas exatamente em cima de onde Adriano construíra templos pagãos para apagar a memória do cristianismo. E diz-se que o famoso sonho aconteceu depois que Helena, a mãe de Constantino, converteu-se ao cristianismo e convenceu o filho de que já era hora de converter o mundo inteiro também.

Para o imperador de toda a Roma, havia ainda a enorme vantagem de, ao trazer o cristianismo para seu palácio romano, colocar, enfim, um freio nos bispos cristãos, cada vez mais influentes e incômodos por seu domínio sobre as almas dos súditos. Abraçando o cristianismo, portanto, Constantino virava o chefe da Igreja e matava dois coelhos com uma única espada. Mas, que fique bastante claro: o imperador aceitou os cristãos sem jamais se voltar contra os religiosos pagãos.

Em Jerusalém, a Igreja da Ressurreição, como a chamam os gregos, basílica do Santo Sepulcro, como preferiu o Vaticano, foi conectada a outra capela, a de Santa Helena, em homenagem à mãe do imperador, construída ao redor de onde se acredita que um dia esteve o Monte Calvário, com duas escadas de pedra que levam ao suposto local da crucificação. Viu surgirem ao seu redor inúmeras outras capelas menores, uma igreja inteira numa gruta, túmulos escavados na rocha, dormitórios de padres e seus refeitórios, sacristias, e tantos anexos e expansões que o viajante que consegue quem o conduza pelas partes públicas e privativas do labirinto escuro não sabe mais quantas portas, quantas escadinhas, quantos altares ou mesmo quantas denominações diferentes do cristianismo existem ali dentro.

Mas nada disso existiria, o mundo não seria cristão, Maria não seria a mãe a quem meio mundo recorre nos momentos difíceis, enfim nada seria como é se Constantino não tivesse deixado um pouco de lado os deuses pagãos para se tornar, pelo menos publicamente, o primeiro imperador cristão da história de Roma. Dizemos isso em tom de dúvida porque há muitas controvérsias e muitos indícios de que Constantino, o Grande, tinha uma alma ao mesmo tempo cristã e pagã. Até porque, como até então era um bom seguidor do paganismo, o imperador não precisava abandonar um deus para se curvar a outro, mesmo que fosse o deus ciumento e monopolista que os primeiros cristãos herdaram de seus antepassados judeus.

Até pouco antes de mandar construir as igrejas que ainda hoje estão entre as mais importantes do mundo, onde a imagem de Maria tem lugar de destaque, o homem que abriu os caminhos de Roma e do mundo ao cristianismo havia sido um adorador do deus Marte. Acompanhou em silêncio a perseguição de cristãos ordenada pelo imperador Diocleciano, na época seu superior, no ano 303 — quando Constantino não era, e por razões de sobrevivência nem poderia ser, cristão.

Quase uma década depois, quando pretendia deixar de ser um simples César para assumir o posto de Augusto de toda a parte ocidental do império romano, o mesmo homem passou a dedicar suas orações e oferendas ao deus Apolo. Mas logo Apolo, que acabava de falhar na tentativa de salvar outro imperador de um terrível câncer nas partes íntimas? Pois se diz que esse mesmo deus havia aparecido a Constantino numa visão, ao lado da deusa Vitória e das letras *XXX*, o número trinta, anunciando que, pelos próximos trinta anos, ele, o filho de Helena, seria como um semideus no comando do Império Romano.

Mas, para que aquele César unificasse as duas partes do Império e pudesse ser chamado ao mesmo tempo de *Augustus* e *Invictus*, aumentando consideravelmente o próprio poder, ainda era preciso derrotar seu maior inimigo, o imperador Maxêncio — outro que queria os mesmos títulos de *Augustus* e *Invictus,* e o mesmo poder. Para a vitória mais importante de sua vida, Constantino deixaria de contar exclusivamente com os deuses daquela religião que os cristãos chamavam de paganismo, ou seja, aquela fé de gente inculta que vivia longe das cidades modernas. Num tempo em que imperadores bem-sucedidos eram aqueles com maior capacidade de comandar seus exércitos e demonstrar sua afinidade com os deuses, Constantino decidiu lutar em nome daquele que exigia ser o único Deus, assim como ele queria ser o único imperador. Mais uma vez, Constantino disse ter tido uma visão.

Não se sabe se ele disse isso na época da batalha ou se, como especula o historiador contemporâneo Paul Stephenson, a visão premonitória foi um acréscimo feito depois que a vitória já estava consumada, como forma de torná-la ainda mais interessante aos anseios políticos do imperador. De acordo com Stephenson, a ideia de que Constantino teve a visão de uma cruz no céu anunciando sua vitória "foi, na verdade, uma recontagem inteligente da visão de Apolo, que nós devemos, portanto, colocar em seu devido lugar, na conta de Constantino desenvolvendo o cristianismo e sua consequente revisão dos momentos-chave de sua ascensão ao poder".[1]

O cristão Lúcio Lactâncio dá a versão oficial. Era conselheiro de Constantino para assuntos religiosos e se encarregou de registrar os acontecimentos que antecederam a chegada do chefe ao posto máximo do poder romano. Lactâncio conta que, ao se aproximar com suas tropas da ponte Mílvia, na entrada de Roma, "Constantino teve um sonho que o avisou para desenhar o símbolo celeste de Deus nos escudos de seus soldados e só depois disso começar a batalha". O bispo Eusébio de Cesareia, autor de uma biografia apaixonada sobre o que teria sido a vida de Constantino, afirma que o imperador sonhou com as palavras "sob este símbolo conquistarás", acordou pensando no que aquilo poderia significar, voltou a dormir e, em seguida, foi o próprio Cristo que lhe apareceu em sonho. "O Cristo de Deus apareceu a ele com o sinal que havia aparecido no céu, e pediu que ele próprio fizesse uma cópia do símbolo e o usasse como proteção contra os ataques do inimigo." Então, prossegue o bispo Eusébio, o imperador mandou chamar artesãos para que lhe fizessem uma cruz de prata, que serviria de mastro para uma flâmula cravejada de pedras preciosas e ouro com as iniciais de Cristo.

Em seu clássico livro *A vida de Constantino*, claramente puxando a sardinha para o lado do vencedor, o bispo Eusébio acusa o imperador Maxêncio dos piores crimes possíveis, como estuprar mulheres casadas e fazer bruxaria usando tripas de bebês assassinados. "Por esses meios, ele esperava obter a vitória", termina a acusação do bispo.

No entanto, Constantino venceu. E foi vitória fácil. Dizem que fez seus soldados colocarem cruzes em seus escudos e, com menos de 40 mil soldados, derrotou os 120 mil combatentes do inimigo Maxêncio. "Só podia ser coisa de Deus!", disseram e continuam dizendo, acreditando que Deus está preocupado mais com um lado do que com o outro em uma batalha, sem se importar com quantas mortes tal decisão possa causar.

A batalha da ponte Mílvia foi o que tirou o cristianismo de vez da clandestinidade, acabou com a perseguição e trouxe o imperador para o lado de Jesus. E, outro fato importantíssimo, Constantino resolveu, ele próprio, liderar a Igreja, reunir os bispos de diferentes congregações e decidir o que era ou não aceito como correto, ortodoxo — enfim, o que era o cristianismo. "O que era ortodoxo só pôde ser aplicado quando o monopólio da violência do Estado passou a apoiar as decisões tomadas pelos bispos em encontros lotados, patrocinados pelo governo e destinados a servir aos interesses do Estado na promoção de um ponto de vista único e universal", resumiu o historiador Paul Stephenson.[2]

Constantino convocou e presidiu o primeiro grande encontro de bispos cristãos da história e ali determinou diretrizes que seriam seguidas até os nossos tempos. No Concílio de Niceia, no ano 325, os chefes da Igreja não falaram muito sobre Maria, mas, ao tratarem de questões fundamentais do cristianismo, prepararam o caminho para as discussões que viriam no século seguinte. E a mãe de Jesus seria tema de alguns dos debates mais acalorados nos encontros que estavam a caminho. Maria deixaria de ser apenas o veículo para o nascimento do Salvador para se tornar, ela também, uma espécie de salvadora de muita gente neste mundo. E aí uma mulher poderosíssima e supostamente virgem será fundamental.

Capítulo 17
A virgem Pulquéria

Era uma mulher com enormes ambições, fascinada pela ideia de controlar o irmão e, através dele, o Império. Disposta até a se manter virgem, ou pelo menos divulgar sua suposta virgindade, para dar exemplo e conquistar os corações do povo, Élia Pulquéria foi a maior responsável por acordar Maria do sono profundo em que os primeiros cristãos a deixaram durante mais de quatrocentos anos. Em Constantinopla, que apenas algumas décadas antes havia se tornado a capital do Império Romano, foi Pulquéria quem ensinou os padres e o povo a venerar a Virgem Santíssima com hinos e procissões, e assim, ao dedicar a vida à religião, elevou a mãe de Jesus aos lugares mais altos da fé mundial.

Pulquéria não passava dos quinze anos quando resolveu dizer ao mundo inteiro que, a pedido de Deus, havia feito um juramento solene: ficaria virgem para sempre, assim como também deveriam ficar Arcadia e Marina, suas irmãs mais novas. O triplo voto de virgindade garantia a Pulquéria que nenhum homem adentraria o palácio para se casar com ela ou com as irmãs e tentar influenciar os rumos do Império que em breve seria comandado por Teodósio II, seu irmão mais novo. Garantia também sua permanência no palácio, pois, sem marido, continuaria grudada no irmão, a quem influenciou até o dia em que ele caiu do cavalo e morreu. Assim, juramentos feitos, a virgem Pulquéria se tornou imperatriz regente, governou sozinha por dois anos e, mesmo depois que o irmão assumiu o trono, continuou tão poderosa que influenciou o Império Romano inteiro e foi uma das grandes responsáveis por transformá--lo no lugar mais cristão de que se tinha notícia até então. E Maria era o centro das atenções da imperatriz.

Por obra da família de Pulquéria, a capital Constantinopla vivia uma era de perseguição aos deuses romanos. Havia ordens imperiais para fechar todos os templos pagãos e destruir as estátuas dedicadas a Cibele, Ísis, Marte, Vênus e companhia. Eram leis severíssimas que, na prática, expulsavam os pagãos da capital e abriam o caminho para a religião cristã. E a determinação de impor o cristianismo era maior até do que nos tempos de Teodósio I, o avô de Pulquéria, primeiro imperador que se pode realmente chamar de cristão (pois sobre Constantino, apesar do que muitos gostariam, a dúvida permanecerá), o homem que, quando morreu, em 397, deixou o Império[1] oficialmente convertido ao cristianismo.[2]

Pulquéria era a responsável por grande parte das decisões políticas do irmão mais novo e, em muitos aspectos, era quem decidia os rumos da Igreja. A imperatriz regente instituiu o culto a Maria em Constantinopla, construiu três igrejas em homenagem à mãe de Jesus e, numa delas, guardou os restos da roupa que supostamente Maria vestiu no dia de sua morte, junto com os pedaços que resistiram da mortalha com que, também supostamente, envolveram seu corpo antes de enterrá-la.

A história é boa e tudo indica que é verdadeira.

Pulquéria pediu ao patriarca de Jerusalém que lhe mandasse o caixão com os restos mortais de Maria, que se supunha guardados numa igreja no jardim do Getsêmani, aos pés do Monte das Oliveiras. Ou seja: a imperatriz acreditava que Maria havia morrido como uma pessoa comum e esperava trazer seus ossos e talvez alguns objetos enterrados junto com o corpo santo para perto do palácio imperial. E, importante notar, a imperatriz, que vivia onde hoje é Istambul, na Turquia, não fazia qualquer menção à hipótese atualmente muito difundida de que Maria teria morrido em Éfeso, muito mais perto dela do que Jerusalém.

Em Jerusalém, no entanto, o patriarca Juvenal contou a Pulquéria que não havia praticamente nada no túmulo, porque três dias depois da morte de Maria, quando resolveram abri-lo, descobriram que não havia corpo nenhum ali dentro. Pelo que lhe disse Juvenal, dentro do túmulo só foram encontrados alguns pedaços de roupa e um pano branco. Pulquéria conseguiu que Juvenal lhe enviasse os tecidos sagrados e os colocou numa das igrejas que construiu em Constantinopla. Determinou que toda quarta-feira o povo cristão da capital do Império faria uma vigília com velas e hinos em homenagem a Maria, e que depois sairiam todos em procissão. É um dos primeiros registros históricos de veneração exclusiva à mãe, sem que ela fosse vista apenas como um veículo para o nascimento de Jesus. Com isso, Pulquéria inaugurava rituais que ganhariam tanta força ao longo dos séculos que muitos viriam a criticar os católicos por supostamente adorarem Maria como se ela própria fosse uma deusa.

A historiadora contemporânea Vasiliki Limberis atribui a Pulquéria a responsabilidade por ter levado ao público um tipo de devoção que costumava acontecer apenas em caráter privativo, nos bastidores da Igreja, "conforme ela havia aprendido quando menina", transformando a veneração à Virgem numa "cerimônia religiosa cívica" e popular. Teria sido também por causa de Pulquéria que se instituíram liturgias semanais com procissões, imagens, velas e hinos em homenagem a Maria, como os católicos fazem todos os dias pelos quatro cantos do mundo. "Ela não apenas agiu como *pontifex* [pontífice, uma espécie de imperador-papa] para o povo: ela ensinou os religiosos."[3]

Mais tarde, uma das igrejas construídas por ordem de Pulquéria, a de Santa Maria de Blaquerna, nos arredores da cidade imperial de Constantinopla, ainda receberia outra roupa que teria supostamente pertencido a Maria: uma relíquia que dois homens ilustres — e ladrões — tomaram de uma senhora judia durante uma viagem à Galileia.

Diz a lenda que eles eram cristãos e faziam uma viagem de peregrinação à Terra Santa. Não se sabe se foi por acaso ou se alguém deu a dica, mas o que se conta é que os nobres Galbius e Candidus passaram a noite na casa da senhora judia. Inocentemente, a senhora contou aos hóspedes que era descendente de um parente de Maria e que havia recebido a missão de guardar uma relíquia importantíssima, uma roupa que teria pertencido à mãe de Jesus e que — ela certamente se arrependeu de ter dito — estava num baú em sua casa.[4] A pobre velha foi dormir, os nobres visitantes sutilmente retiraram a roupa sagrada do baú e a levaram para uma igreja em Constantinopla, onde foram recebidos como heróis. A relíquia passou a ser considerada um amuleto para a nobreza e foi até responsabilizada pela vitória numa guerra. Mas o crime só compensou por alguns séculos porque, em 1070, a relíquia roubada da velha ingênua e a igreja de Santa Maria de Blaquerna foram destruídas num incêndio.

Pulquéria andava tão imersa na devoção a Maria que começou a confundir as coisas e dizer que ela própria era a mãe de Jesus Cristo. Será que pretendia convencer o povo de que a imperatriz era uma espécie de reencarnação de Maria? Ou queria que pensassem que sua virgindade imperial lhe dava o direito de reivindicar uma espécie de santidade, como a que era cada vez mais atribuída à mãe de Jesus?

Historiadores avaliam que, entre outras coisas, Pulquéria era uma espécie de "feminista" antes do feminismo e pretendia que a mãe de Jesus a ajudasse a mostrar a força das mulheres — ou talvez, simplesmente, a sua própria força no Império comandado pelo irmão. A imperatriz dedicou a vida a Maria, e sua contribuição para consolidar o que atualmente se conhece como "devoção mariana" teve ainda um episódio mais tenso, com profundas implicações no futuro da Igreja. E tudo porque seu irmão imperador resolveu contrariá-la e trazer de Antióquia, na Síria, para ser o novo arcebispo de Constantinopla um monge que pensava de maneira completamente diferente de Pulquéria a respeito do papel de Maria na teologia cristã.

Dizem que havia ali, além da discussão teórica, uma disputa de poder entre a imperatriz feminista (mais de um milênio e meio antes do surgimento do feminismo propriamente dito) e o arcebispo machista (não muito diferente de alguns religiosos do nosso tempo). E um primeiro sinal desse confronto apareceu já quando Nestório foi rezar sua primeira missa na Grande Igreja de Constantinopla.

O novo arcebispo, recém-chegado da Síria, negou à imperatriz o direito de subir ao altar para receber a comunhão no lugar reservado aos padres e ao imperador. Fechou a porta na cara de Pulquéria e disse que mulher nenhuma poderia entrar por ali. Pulquéria insistiu e, segundo algumas fontes, disse um absurdo: que *ela* havia gerado o filho de Deus — claramente insistindo na confusão que fazia, ou que queria fazer, entre sua própria identidade e a de Maria.

Mais tarde, o arcebispo Nestório quis deixar ainda mais claro que não aceitava as imposições de Pulquéria e retirou da igreja o manto luxuoso que a imperatriz havia doado e que, tendo pertencido a uma virgem que se pretendia santa, vinha servindo para encobrir o altar do santuário.

A indignação de Nestório aparece num dos poucos textos que não foram jogados nas fogueiras. Pois pouco depois desses episódios truculentos que estamos narrando o religioso será considerado herege e haverá uma ordem para que todos os seus escritos e ensinamentos sejam queimados. Um dos fragmentos que nos chegaram foi escrito duas décadas mais tarde, durante os tempos de Nestório no exílio, e reflete sobre sua breve passagem por Constantinopla.

"Eu não estava disposto a ser persuadido pela exigência que ela fazia de que eu comparasse uma mulher corrompida por homens à noiva de Cristo."[5]

Nestório ainda acusaria Pulquéria de ter mantido relações sexuais com pelo menos sete homens diferentes, ainda que depois ela tenha se casado e feito o marido jurar publicamente que preservaria sua virgindade.

Pouco depois, o arcebispo Nestório proibiu a imperatriz (que, depois que o irmão assumiu o cargo, teoricamente deixou de ser imperatriz mas jamais perdeu a majestade) e qualquer outra mulher de frequentar as missas noturnas porque, palavras do arcebispo, quando mulheres saíam à noite era inevitável que aquilo as levaria à "promiscuidade com homens".[6]

Nestório provavelmente não sabia que estava mexendo num ninho de cobras. Ou achava que poderia vencer as feras do palácio. E, não satisfeito em enfrentar a mulher mais poderosa do mundo, resolveu atacar a Virgem Maria. Pelo menos, atacar aquilo que Pulquéria e muitos religiosos importantes defendiam como sagrado, ousando dizer durante as missas na capital do Império Romano, futuramente rebatizado pelos historiadores de Império Bizantino, que Maria não era a Mãe de Deus.

A discussão será longa e sangrenta e, como podemos imaginar, Nestório sairá perdendo. Terrivelmente.

Um grupo de cristãos ortodoxos russos visita a gruta na qual, diz a tradição, Maria deu à luz o menino Jesus

A estrela de catorze pontas foi colocada no lugar exato onde, desde os tempos do imperador Constantino, acredita-se que aconteceu o parto

RICHARD FURST

A Fonte de Maria, no vilarejo de Ein Karem, para onde Maria teria ido, grávida, depois de receber a visita do anjo Gabriel

RICHARD FURST

Igreja da Visitação, no vilarejo de Ein Karem, no provável local do encontro de Maria com a prima Isabel

Oliveiras de mais de 2 mil anos no jardim em que, possivelmente, Maria esteve com Jesus; uma paisagem que chegou praticamente intacta aos nossos tempos

Igreja Ortodoxa do Casamento, em Caná, Israel: aqui estão dois jarros que teriam sido usados no famoso casamento, quando Maria pediu a Jesus que resolvesse o problema da falta de vinho e ele fez o que dizem ter sido seu primeiro milagre

Bodas de Caná (1562-3), de Paolo Veronese: não fosse pelos acontecimentos sobrenaturais que se sucederam à falta de vinho, certamente o casamento em Caná seria apenas mais um e não teria merecido uma pintura de quase sete metros de altura por dez de largura — a maior do museu francês do Louvre

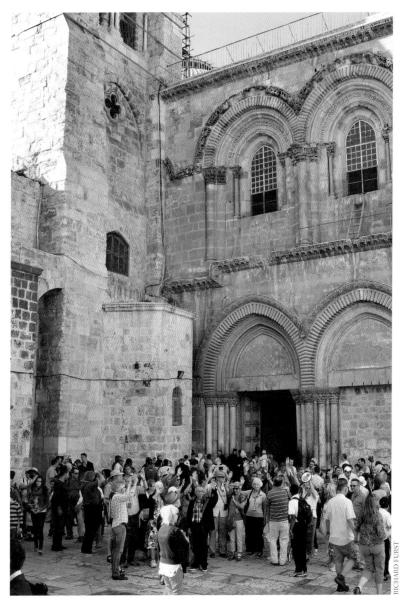

Basílica do Santo Sepulcro: o suposto lugar da crucificação, onde Maria teria ficado aos pés da cruz de seu filho

Fiéis rezam na pedra histórica onde teria sido feita a preparação para o sepultamento do corpo do filho de Maria

Mosaicos no Santo Sepulcro retratam Maria segurando seu filho, logo que ele foi retirado da cruz

Casa de José, em Nazaré: a gruta onde a Virgem e o marido teriam vivido por quase trinta anos com o filho Jesus

Inscrição na pedra em Nazaré: os dizeres "Χαίρε Μαρία", que em grego significam "Alegra-te Maria", foram deixados por um visitante pouco depois da morte daquela que, em seu tempo, era mais conhecida como Mariam

Basílica da Anunciação, em Nazaré: a igreja foi construída sobre as ruínas do vilarejo onde se acredita que Maria viveu com Jesus

A Gruta da Anunciação, em Nazaré, é o único lugar do mundo onde está escrito *"verbum caro hic factum est"* com uma tremenda importância para o *"hic"*, que nos diz que *"aqui"* o verbo se fez carne – ou seja – Deus se fez homem em Jesus

Na grande basílica, em Nazaré, painéis fazem referência às diversas maneiras com que os cristãos do mundo cultuam Maria; aqui, a homenagem a Nossa Senhora Aparecida

Fiéis do mundo inteiro fazem pedidos e agradecem as graças que acreditam ter obtido por intermédio de Maria; aqui, mexicanos lotam o santuário no morro Tepeyac, na Cidade do México, no dia de Nossa Senhora de Guadalupe

Imagem de Maria com sua mãe, na igreja de Sant'Ana, em Jerusalém, construída no lugar onde uma tradição afirma ter sido a casa de seus pais

A cidade de Belém, que nos tempos romanos fazia parte da Judeia, hoje fica na Cisjordânia e está cercada pelo muro que separa palestinos e israelenses

Anunciação (1472-5), de Leonardo da Vinci: o visitante verá uma menina e ela lhe parecerá hesitante, entre o estranhamento e o encanto, por causa do menino alado que de repente chega do céu e se apresenta como Gabriel

Imperatriz Pulquéria: a mulher que mandava no Império Romano em Constantinopla inaugurou a devoção a Maria, com procissões semanais, e enfrentou o superbispo Nestório para elevar a mãe de Jesus a um dos lugares mais altos da fé cristã

Na Via Dolorosa, destaque para o suposto local do encontro de Maria com seu filho antes da crucificação, relembrando o papel da mãe num dos dias mais importantes da história

Uma das pedras que arqueólogos estimam estar em Jerusalém desde os tempos de Jesus e Maria, na qual, possivelmente, a mãe se ajoelhou aos prantos na sexta-feira em que seu filho foi crucificado

Cirilo de Alexandria combateu Ísis, a deusa-mãe dos pagãos, e criou dois santos para defender a ideia de que Maria era a Mãe de Deus

A igreja de Sant'Ana, em Jerusalém, no local que pode ter sido o da casa dos pais de Maria, é hoje um território francês na Terra Santa

Ísis: deusa-mãe, virgem e frequentemente esculpida com o filho no colo, era vista como uma "praga pagã" e causava incômodo aos devotos de Maria no começo do cristianismo

Em Belém, a capela construída na gruta onde Maria teria amamentado Jesus

Imagem de Maria amamentando, na capela construída na Gruta do Leite, onde cristãs e muçulmanas pedem ajuda para engravidar

Martinho Lutero: a principal voz protestante na Reforma, que, ao atacar o Vaticano, afastou grande parte dos cristãos de Maria

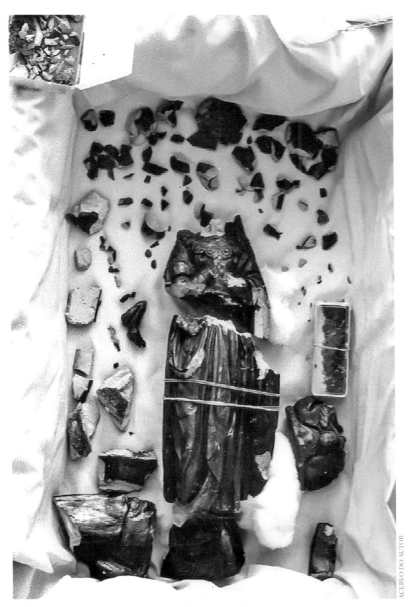

Nossa Senhora Aparecida, depois do ataque de um rapaz que via na imagem o símbolo de uma disputa dentro do cristianismo

Virgem de Guadalupe, México; a primeira aparição registrada nas Américas é um dos maiores símbolos mundiais da devoção a Maria

A basílica gigantesca, na Cidade do México, guarda o manto com a imagem que, acredita-se, surgiu de forma milagrosa diante do índio Juan Diego; só depois desse milagre o bispo Zumárraga acreditou na história da aparição

Bernarde-Marie Soubirous, santa Bernadette,
a vidente de Lourdes

Santuário dedicado a Nossa Senhora de Lourdes, na França

Lúcia, Francisco e Jacinta: as três crianças pastorinhas que dizem ter conversado com Maria, em Fátima, Portugal

O papa João Paulo II (na foto, com a vidente irmã Lúcia) decidiu revelar o Terceiro Segredo de Fátima

Fiéis se ajoelham diante do que se afirma ser o Túmulo de Maria em Jerusalém

RICHARD FURST

A escadaria majestosa leva ao suposto túmulo de Maria, em Jerusalém; mas as tradições divergem, e há quem defenda que seu corpo foi enterrado em Éfeso, na atual Turquia

ANDREAS HUSEMANN

Éfeso, Turquia: a casinha encontrada a partir das visões da freira Anne Catherine Emmerich, onde, segundo uma tradição, Maria teria passado seus últimos dias

O túmulo vazio de Maria. No século v, Juvenal, o patriarca de Jerusalém, disse que jamais se encontraram ali os restos mortais da mãe de Jesus

CAPÍTULO 18
THEOTOKOS

AO MESMO TEMPO QUE EXIGIA ser tratada como "noiva" de Cristo,
ou confundida com a mãe de Jesus — sua reencarnação ou sabe-se
lá o que —, Élia Pulquéria queria que Maria ganhasse finalmente o
lugar que merecia nos altares cristãos. Não era mais possível aceitar
que alguém dissesse que ela era "simplesmente" a mulher que deu
à luz Jesus Cristo. Maria precisava ser reconhecida, de uma vez por
todas, como Theotokos, a palavra grega que se traduz corretamente
como "portadora de Deus", e que, mais tarde, o carinho dos cristãos
acabará trocando para "Mãe de Deus".

E é por causa desse título agora famoso e inquestionável para
a maioria dos católicos que a troca de gentilezas entre Pulquéria e
Nestório vai chegar aos níveis mais arrepiantes.

O novo capítulo dessa batalha começa com um grupo de religiosos trazendo uma armadilha muito bem montada para o arcebispo. Foram consultá-lo sobre uma controvérsia que andava
gerando desavenças entre os cristãos de Constantinopla, a reclamação de que certo grupo religioso defendia que Maria deveria
ser chamada pelo título de Antropotokos, ou seja, a Portadora do
Homem. O que os religiosos queriam era que Nestório condenasse os defensores da Antropotokos e afirmasse publicamente

algo em que todos sabiam que ele não acreditava: que Maria era a Theotokos.[1]

O problema era que, desde que fora eleito patriarca de Constantinopla, em pleno acordo com o que aprendera em sua formação teológica na Igreja da Síria, Nestório pregava fervorosamente que Maria não era a Theotokos. Entendia que "Maria não tinha dado à luz o próprio Deus mas, sim, o homem que a fé cristã reconhecia como divino e, assim, chamado Deus".[2] E pedia, como se desse uma ordem: "Não deixem nenhum homem dizer que Maria é a Mãe de Deus porque ela era uma mulher, e é impossível que Deus tenha nascido de uma mulher".

A frase de Nestório pode soar ao mesmo tempo como uma conclusão óbvia ou como uma enorme heresia, um grande desrespeito aos ouvidos cristãos dos nossos tempos, porque estamos extremamente acostumados ouvir que Maria é a Mãe de Deus e ponto final. Mas é importante lembrar que naquela época não havia consenso sobre o assunto, e a ortodoxia, a verdade do cristianismo, ainda estava começando a ser escrita.

Tentando acalmar os dois lados, Nestório proibiu o uso das expressões Antropotokos e Theotokos. Decidiu que seria mais acertado descrever Maria como Christotokos, ou seja, mãe de Cristo. Na avaliação do homem que se acreditava o todo-poderoso da Igreja de Constantinopla, chamá-la de Christotokos estava de pleno acordo com a Bíblia cristã, e tal afirmação, ele pensava, não permitiria nenhuma acusação de heresia. Mas a única coisa que Nestório conseguiu com a nova terminologia foi irritar todo mundo ao mesmo tempo.

Os críticos, entre os quais se incluía a imperatriz Pulquéria, espalharam a ideia de que ao negar que Maria era a Theotokos ele estava dizendo que Jesus era meramente um homem. Isso não era exatamente o que Nestório pensava, mas pouco importava. Quando o boato se espalha, ai de quem duvida!

É importante lembrar que a discussão acontecia justamente no momento em que o culto a Maria ganhava uma proporção jamais vista e que defender a Theotokos era uma demonstração absoluta de fé em Cristo pois, afinal, começaram a dizer: "Se Maria não é, literalmente, a Mãe de Deus, então seu filho não é, literalmente, Deus!".

A frase de efeito, claramente uma distorção irônica dos argumentos de Nestório, foi o que as más línguas fizeram circular pelo Império. E com tanta força que a discussão acabou chegando ao Egito, onde o arcebispo Cirilo de Alexandria cuspia fogo, com ódio do arcebispo de Constantinopla. E não só por razões teóricas.

O cargo de arcebispo de Constantinopla tinha se tornado tão importante que ameaçava até os poderes do arcebispo de Roma, já naquele tempo chamado de papa. Desde o Concílio de Constantinopla, a grande reunião de bispos cristãos em 381, Alexandria tinha sido rebaixada na hierarquia das sés e Constantinopla passara a ter quase tantos poderes quanto Roma.[3] Por causa disso, querendo ou não, os poderes do papa Celestino eram, de certa forma, compartilhados com outros quatro patriarcas.

Em Jerusalém, quem dava as ordens era Juvenal, com um poder mais do que tudo simbólico, em razão da importância histórica do lugar. Em Antióquia, quem mandava era João de Antióquia, teólogo respeitado, representante das tradições cristãs do Oriente, considerado por alguns historiadores um dos "superbispos" daquela época. Os outros dois superbispos, indiscutivelmente, eram Cirilo de Alexandria e Nestório de Constantinopla. E os dois estão prestes a entrar no circo romano para digladiar.

Os argumentos levantados nessa batalha de bispos poderão parecer específicos, detalhistas e teóricos demais aos olhos modernos, mas a briga era tão feia que se estendeu ao longo de décadas e levou muita gente à morte. Quando a discussão terminar, aqueles que discordarem serão excomungados e se verão obrigados a fundar novas Igrejas, separadas da Igreja Católica — que tinha esse nome justamente por querer ser única e para todos: — no original grego, *katholicus*, universal.

Apenas algumas décadas depois, o Segundo Concílio de Éfeso decretaria morte a quem defendesse que Maria era a mãe de Jesus e não de Deus, pois ao dizê-lo estava se afirmando que Jesus nascera homem, e não Deus; e que portanto não era um único ser com duas naturezas, ao mesmo tempo humano e divino. "Que aqueles que dividem Cristo sejam divididos pela espada; que sejam queimados vivos!"[4]

Mas, antes que se declare a morte aos infiéis da Theotokos, antes de chegarmos ao momento fatal em que Maria dividirá os corações cristãos, é preciso viajar a Alexandria. Pois só lá ficaremos bem informados sobre as batalhas que Cirilo anda enfrentando em nome de Maria, de Jesus Cristo e de sua própria visão de como os homens devem se comportar em suas relações com Deus.

CAPÍTULO 19
CIRILO E A DEUSA VIRGEM

QUANDO SE COMPLETARAM cem anos da conversão do imperador Constantino e algumas décadas da decisão de Teodósio I de fazer do cristianismo a religião oficial do Império, no século V, mesmo com todos os esforços de Pulquéria e de seu irmão Teodósio II, Maria estava longe de ser uma unanimidade entre os habitantes de Constantinopla. Mudar por completo a religião do Império Romano custaria ainda muito tempo e sangue, pois além de ser motivo de disputas violentas entre os cristãos, o deus único herdado da tradição judaica competia ferozmente com inúmeros deuses locais e importados que os romanos adoravam muito antes do nascimento de Jesus.

A deusa-mãe Cibele incomodava tanto, mas tanto, que levara o monge Teodoro de Amasea a perder a cabeça. Num ataque de fúria, poucos antes da conversão do imperador Constantino, o monge resolveu incendiar o templo pagão dedicado a Cibele. Pelo crime, Teodoro de Amasea foi torturado, condenado à morte e, mais tarde — contrariando o que um cidadão moderno chamaria de bom senso — elevado à categoria de mártir e santo. Os romanos demorariam muito também a esquecer seu apreço pela famosa Vênus, com todas as suas seduções. Andavam muitas vezes com a cabeça em Marte, Júpiter ou

Mercúrio. E certamente não foi num estalo de dedos que abandonaram os deuses que por tanto tempo lhes ofereceram ajudas, curas e milagres para todos os fins, como o Sol Invictus, garantidor de vitórias nas batalhas terríveis em defesa do Império.

Enfim, quando o cristianismo foi aceito e começou a conquistar o mundo, ainda existia uma tremenda disputa pelos corações romanos. E entre esses deuses aos quais, por puro desprezo, os cristãos se referiam como pagãos, havia, além de Cibele, outra deusa-mãe que era mais popular do que a mãe de Jesus.

A imagem da deusa grega Ísis atraía multidões à região de Menótis, no Egito, com a promessa de cura dos mais variados tipos de males. Na visão tendenciosa de um historiador cristão da época, "um demônio apareceu no deserto, na forma de mulher, o que produziu muitos fantasmas e parece ter feito um sem-número de profecias, ainda que fossem completamente falsas".[1]

Ísis era adorada como mãe ideal, representada muitas vezes com o filho no colo e aclamada como virgem — mais de 2 mil anos antes do nascimento de Maria. As multidões que atravessavam desertos para estar perto da imagem de Ísis acreditavam que ela fazia milagres, curava os doentes e era capaz até de interferir no destino das pessoas.[2] Mas como os peregrinos eram obrigados a pagar entrada no templo, os adversários começaram a dizer que aquele culto não passava de um caça-níqueis. Era um bando de "mercenários pagãos", acusava Cirilo de Alexandria, decidido a exorcizar o fantasma e mandar para o inferno todo o paganismo que girava em torno de Ísis.

Alexandria, uma das maiores cidades do Egito moderno, era uma das principais sedes do Império Romano e do cristianismo. Diz a tradição da Igreja Ortodoxa Copta, atualmente a principal igreja cristã do Egito, que o apóstolo Marcos foi até lá pessoalmente fundar igrejas e acabou morrendo arrastado por cavalos, por se recusar a negar Jesus Cristo. Terra semeada por Marcos, brotou uma escola de pensamento cristão tão importante que deu origem a alguns dos nomes mais influentes dos primeiros séculos da religião.

O arcebispo Cirilo, aquele que está prestes a apoiar Pulquéria numa batalha terrível contra o arcebispo Nestório, pertencia a essa tradição de pensamento, e era um dos homens mais poderosos do mundo. Poderoso e controvertido, pois até os nossos tempos a visão que se tem de Cirilo varia muito, dependendo de quem fala sobre ele. O patriarca pode ser descrito como um grande teólogo que por sua sabedoria e capacidade se tornou um dos pilares do cristianismo, ou como um grande manipulador da política e dos bastidores cristãos, um monstro acusado de ordenar que centenas de judeus fossem roubados e expulsos de Alexandria, sem falar nos assassinatos até agora mal explicados.[3]

Coincidência ou não, justamente no momento em que voltamos nossa atenção a Cirilo de Alexandria, ele está atormentado com acusações de envolvimento na morte de uma filósofa respeitadíssima, considerada a primeira matemática da história, que dava aulas sobre cultura helênica e deuses pagãos nas escolas gregas de Alexandria.

Conforme o relato do historiador cristão Sócrates de Constantinopla, agora dando nome àquele que fora citado anteriormente como tendencioso, mais de quinhentos monges foram armados até Alexandria para defender o arcebispo. Dias antes, um deles, o fanático Amonius, havia sido condenado à pena de morte depois de acertar uma pedra na cabeça do governador romano Orestes, supostamente porque ele andava se desentendendo com Cirilo. Os outros monges estavam enfurecidos com a sentença imposta a Amonius e também porque acreditavam que a filósofa Hipátia andava influenciando o prefeito Orestes a não se reconciliar com o arcebispo.

Numa tarde, voltando do museu onde trabalhava, Hipátia foi arrancada de sua carruagem, arrastada pelas ruas, apedrejada, despida, esquartejada e, quando já não lhe restava mais um espirro de vida, jogada numa fogueira. Os principais suspeitos pelo assassinato bárbaro e brutal foram os monges cristãos leais a Cirilo.

Se houve um mandante? Conforme a acusação da época, o crime foi cometido com a ajuda da guarda particular do arcebispo. Se Cirilo mandou ou não matar a professora Hipátia? Há quem diga que sim. Ele sempre negou. E há também historiadores que dizem não ser possível chegar a uma conclusão.

O que ninguém nega, nem os teólogos mais apaixonados por aquele que depois virou são Cirilo, é a artimanha que o todo-poderoso de Alexandria usou para combater o sucesso de Ísis.

Contra a "praga" pagã que seduzia até mesmo os seguidores de Jesus, o arcebispo resolveu ressuscitar uma alma cristã, um monge que era também médico e curava os doentes de graça. Mandou abrir a tumba onde estariam os ossos do monge Ciro e acabou descobrindo que havia dois corpos lá dentro.

O corpo que estava junto ao de Ciro era de um soldado que resolvera largar tudo para acompanhar o monge e morrera ao lado dele. Mas como os dois foram decapitados e ninguém seria capaz de dizer quais ossos eram do monge e quais pertenciam ao soldado — por que não? —, o arcebispo decidiu que os dois eram mártires e santos.[4]

Os restos mortais foram envolvidos em lençóis e colocados num caixão de ouro ornamentado com joias. Para transportá-los até o lugar onde são Ciro e são João deveriam começar a primeira batalha depois de mortos, o arcebispo pôs o caixão numa carruagem e saiu acompanhado de uma multidão, em romaria, de Alexandria até a igreja em Menótis. Não por acaso, a igreja escolhida para expor os relicários ficava muito perto do grande templo dedicado à deusa Ísis.

"Os mártires sagrados, são Ciro e são João, surgiram prontos para lutar pela religião cristã. Deus deu a eles a autoridade para promover curas, dizendo: vão e curem os doentes",[5] bradou Cirilo no sermão que fez durante a romaria.

E para tornar o contra-ataque ainda mais contundente, Cirilo passou a dar grande destaque para uma qualidade que ele dizia ser comum aos dois: a virgindade. Mais tarde, historiadores dirão que, ao exaltar a suposta virgindade dos mártires, o patriarca estava aproveitando para também mandar um recado aos padres sobre a importância de permanecerem virgens para servir exclusivamente a Deus.

"Como recompensa pelo amor por Cristo, eles receberam o poder de derrotar Satanás e expelir a força de espíritos maus", prosseguia Cirilo, exaltando os mártires e disparando contra a deusa pagã.[6] "Como alguém pode ser ao mesmo tempo senhora e deusa? Entre os demônios não existe masculino e feminino. Que tipo de personalidade [os demônios] terão quando querem ser chamados por nomes de mulheres?"

Cirilo era tão poderoso que a adoração aos dois santos acabou vingando. A igreja onde os restos mortais foram depositados virou lugar de peregrinação e a crença nos milagres operados por eles chegou aos nossos tempos ainda com grande força, principalmente entre os cristãos da Igreja Ortodoxa Copta de Alexandria. Atualmente, são comuns as peregrinações a Abu Qir (na tradução literal do árabe, Pai Ciro), um bairro de Alexandria que recebeu esse nome em homenagem ao homem que foi santificado para combater Ísis e defender Maria.

CAPÍTULO 20
MARIA DIVIDE A IGREJA

CIRILO DE ALEXANDRIA subia pelas paredes. Apelava ao papa Celestino e à sua Igreja de Roma pedindo apoio para acusar Nestório de herege porque, de acordo com a acusação, ele andava pregando que Jesus não passava de um homem qualquer. Era uma batalha teórica das mais afiadas. Existia de fato uma discordância sobre o que se dizia serem os caminhos de Deus, mas era também, sem dúvida alguma, uma tremenda disputa de poder. Isso porque nem o papa nem o arcebispo de Alexandria estavam dispostos a permitir que Constantinopla se tornasse o centro das decisões do cristianismo. E quem resolveu botar um fim à guerra que ameaçava a unidade da Igreja Cristã não foi o papa nem o futuro santo. Foi, mais uma vez, ela... a irmã do imperador.

Para decidir se quem estava certo era Nestório ou Cirilo, e obviamente para acabar com o que estava se tornando um grande problema para todos no Império Romano, sempre influenciado pela irmã, o imperador Teodósio II convocou o terceiro grande encontro de bispos católicos da História, o que conhecemos como o Primeiro Concílio de Éfeso — uma guerra de palavras e atos que terminou em corrupção, excomunhões, prisões e mortes.

A escolha de Éfeso não foi por acaso. Ainda que Pulquéria tivesse mandado trazer de Jerusalém os panos que haviam sido encontrados no que se acreditava ser o túmulo de Maria, existia uma corrente que defendia que, depois da morte de Jesus, Maria havia se mudado para Éfeso, acompanhando o apóstolo João, e lá, perto de Constantinopla, teria sido enterrada.

Éfeso vivia um novo momento em sua história e, agora que o mundo conhecido se tornava cristão, tentava apagar o tempo em que fora famosa pela maravilhosa tumba de Ártemis, a deusa-mãe dos pagãos daquela região. E havia ainda outro motivo para que o concílio fosse em Éfeso e não em Constantinopla: Pulquéria queria que Nestório fosse obrigado a se deslocar para um território inóspito, onde nem por um minuto pudesse se sentir poderoso. Ajudava muito o fato de que o arcebispo de Éfeso era um grande defensor da ideia da Theotokos.

A igreja da Virgem Maria e o túmulo do apóstolo João eram algumas das maiores atrações de Éfeso. E, além disso, se Maria pudesse agora ser chamada de Mãe de Deus, muito melhor. Em poucos dias, Cirilo será recebido ali como um rei. E Nestório, como um rato.

Capítulo 21
As batalhas de Éfeso

Quando um imperador (ou sua irmã mais velha) resolvia juntar debaixo do mesmo teto os arcebispos de toda a imensidão controlada por Roma, era porque a coisa realmente estava pegando fogo. Imagine, primeiro, quanto custava para transportar os grandes patriarcas da religião oficial do Império, homens que se vestiam como reis, tinham o poder que alguns reis não tinham e levavam com eles dezenas de bispos, padres, monges, diáconos, soldados, notários, mensageiros, cozinheiros e todos os serventes que julgassem necessários para passar meses longe de suas casas.

Os deslocamentos levavam semanas, ou até meses, dependendo do que os viajantes encontrassem pelo caminho. E nada mais comum do que alguns, famintos, exaustos ou doentes, caírem mortos e serem abandonados pela estrada.

Assim, quando falamos num concílio no ano 431, não se trata da mesma coisa que um conclave no Vaticano da era moderna para a escolha de um novo papa.

O papa Celestino, possivelmente para mostrar que era superior aos outros patriarcas, ou talvez para poupar sua saúde, mandou seus representantes e ficou em Roma. Os outros quatro patriarcas formaram suas comitivas e saíram em grandes caravanas pelo mar e pelos desertos em viagens épicas que por si só mereceriam cada uma um capítulo.

Nestório levou dezesseis bispos e parte do exército imperial de Constantinopla, além de seus guardas particulares, porque sabia do risco de ser atacado pelo caminho ou mesmo durante o concílio. Quando chegou a Éfeso, foi tratado como criminoso pelo bispo local. Viu as portas de todas as igrejas se fecharem para ele.

Cirilo reuniu seus guardas e, na companhia de cinquenta bispos egípcios, atravessou o Mar Mediterrâneo enfrentando uma tempestade terrível. Quando desembarcou, recebido com todas as honras possíveis, saiu em procissão pelas ruas de Éfeso.

As más línguas diriam mais tarde que o patriarca de Alexandria providenciou a ida também de alguns bandidos e desordeiros para criar um clima de terror na cidade durante o encontro dos bispos. Verdade? Intriga da oposição? Fato é que a metrópole de Éfeso virou um campo de batalha. Foi tomada por religiosos, militares e incontáveis serventes que acompanhavam os bispos. Sem falar no exército da Ásia Menor, que tinha recebido do imperador a missão de se concentrar em Éfeso para afastar os protestos e garantir que os bispos tivessem paz para decidir, exclusivamente por razões teológicas, se Maria era ou não a Portadora de Deus — ou seja, se Deus encarnou em Jesus no exato momento em que o anjo Gabriel apareceu a Maria e o menino começou a ser gerado em sua barriga.

O quase irrelevante Juvenal de Jerusalém chegou com sua irrelevante delegação palestina e apoiou Cirilo. A delegação síria de João de Antióquia, que teoricamente apoiaria a ideia de que Maria era "apenas" a mãe de Jesus, chegou com mais de duas semanas de atraso. Até hoje não se sabe se João se atrasou de propósito, no que poderia ter sido um ato de covardia para salvar a própria pele ou se, como disse, ficou preso nos desertos durante a longa viagem. Quando a delegação de Antióquia chegou a Éfeso, o circo já estava em chamas.

Na ausência do bispo de Roma, Cirilo de Alexandria usou de sua influência e assumiu o comando do concílio. Logo nos primeiros momentos, conseguiu os votos de 197 dos cerca de 250 bispos presentes para determinar a excomunhão de Nestório, que jamais teve o direito de se pronunciar.

Quando a decisão foi anunciada, havia uma multidão na frente da igreja de Maria. Mulheres fizeram uma grande procissão, carregaram tochas e celebraram o que, para elas, era uma vitória da Mãe de Deus. Será que essa procissão feminina foi organizada por Pulquéria? Não há provas, mas tudo indica que sim. Nestório foi chamado de "novo Judas" e, como um traidor, ficou do lado de fora da igreja até o fim do concílio.

Mas era só a primeira batalha.

Os sírios comandados por João de Antióquia finalmente chegaram e instalaram um encontro paralelo. Na prática, um novo julgamento. E, dessa vez, o réu era Cirilo, acusado de incitar o povo contra os bispos e contra o poder do imperador.

Eis a segunda decisão de Éfeso: Cirilo deveria ser expulso da Igreja.

O imperador Teodósio II recebeu as duas sentenças e resolveu aplicar as duas. Mandou prender Cirilo e Nestório.

Foram quatro meses de batalhas que já não guardavam nada de teologia. E com tanta demora para se chegar ao fim do encontro, a cidade de Éfeso não suportou a invasão das comitivas gigantes. Faltou comida para o povo. Bispos idosos sofreram com o calor insuportável e com doenças infecciosas. Alguns morreram.

Só mais tarde, com a volta de Cirilo ao comando da Igreja de Alexandria, com a escolha de um novo patriarca em Constantinopla para o lugar de Nestório, e depois de muita negociação com João de Antióquia, haveria uma relativa paz entre os chefes cristãos.

E, por um bom tempo, ninguém mais questionou publicamente a tese tão veementemente defendida por Cirilo e Pulquéria de que, desde o momento em que o anjo Gabriel apareceu e comunicou a gravidez a Maria, ou seja, desde que começou a ser gerado, Jesus foi ao mesmo tempo homem e Deus. Maria era, de acordo com a tese vencedora, indiscutivelmente, a Portadora de Deus.

Cirilo, o arcebispo que entrou para a história como o responsável pela oficialização do primeiro dogma de Maria, foi feito santo. Pulquéria também virou, oficialmente, santa. E é importante que se saiba que é só por causa dessas batalhas sangrentas que, há mais de mil anos, os seguidores de Jesus Cristo repetem as muitas versões e traduções da oração que o mundo conhece como "Ave-Maria" com sua parte mais recente, a que começa invocando "Santa Maria, Mãe de Deus" para pedir-lhe que ore por todos os pecadores cristãos.

Capítulo 22
A teimosia de Eutiques

Ainda no calor da decisão que deu a Maria o título de Theotokos, num tribunal eclesiástico, diante de bispos e outras autoridades religiosas, em Constantinopla, o monge Eutiques, que chefiava um bocado de monges e igrejas na mesma jurisdição, estava sendo acusado de heresia e agora era interrogado.

— Você reconhece Cristo como feito de duas naturezas? — perguntou o arcebispo Flaviano.

— Até hoje, eu jamais presumi especular sobra a natureza do meu Deus... — ironizou Eutiques. — Admito que nunca disse que ele é feito da mesma substância que nós... Confesso que a santa Virgem é feita da mesma substância que nós, e que a partir dela nosso Deus foi encarnado.

— Já que a mãe é feita da mesma substância que nós, então o filho também o é? — interferiu o bispo Florêncio.

— Por favor, observe que eu não disse que o corpo de um homem se tornou o corpo de Deus, mas o corpo era humano, e o Senhor foi encarnado através da Virgem — respondeu Eutiques.

— Você admite ou não que nosso Senhor que nasceu da Virgem é consubstancial [a nós] e de duas naturezas depois da encarnação? — seguiu a inquisição de Florêncio.

— Eu admito que nosso Senhor era feito de duas naturezas antes da união, mas depois da união... uma natureza — concluiu Eutiques, para logo em seguida ser condenado e, apesar de uma futura revisão de sua pena, se tornar motivo de escárnio e morrer no exílio. A discussão é sobre a natureza de Jesus Cristo. E vencerá a tese de que ele era feito ao mesmo tempo de duas naturezas, humana e divina, mas para isso será preciso esmiuçar o papel de Maria no nascimento do filho.

"Não é que um homem comum primeiro nasceu da santa Virgem, e que, depois, Deus desceu sobre ele. Ele foi unido com a carne no próprio útero!", exclamou Cirilo de Alexandria.

"O Filho eterno do Pai eterno nasceu do Espírito Santo e da Virgem Maria. Mas esse nascimento não tirou nem acrescentou nada àquela natividade divina e eterna", sentenciou, no ano 449, o papa Leão. "Por meio de um novo modo de nascimento, assim como de uma virgindade inviolada que não conheceu o desejo da carne, supriu-se o material da carne. De sua mãe, o Senhor tirou a natureza, não o pecado."[1]

Dois anos depois, em 451, a questão sobre a natureza de Jesus levou os bispos mais importantes do mundo a se reunirem no quarto concílio ecumênico da história. O concílio de Calcedônia excomungou Eutiques sob a acusação de monofisismo — ou seja, por haver afirmado que Jesus era feito de uma e não duas naturezas — e condenou como hereges todos aqueles que discordassem da afirmação que agora se tornava uma verdade inquestionável, a de que Jesus era ao mesmo tempo "completamente humano e completamente divino, verdadeiramente Deus e verdadeiramente homem, tendo a sua humanidade sido gerada, para nós e para nossa salvação, de Maria, a Virgem, a Portadora de Deus".[2]

Por causa das desavenças, a Igreja que se chamava Católica porque pretendia ser universal se separou em diversos corpos. Desuniversalizou-se. Nasceram a Igreja Copta de Alexandria, a Igreja Ortodoxa Armênia e a Igreja Ortodoxa Síria, numa desunião que, apesar dos esforços recentes, resistiu até os nossos tempos. Mas a batalha não termina por aqui.

Capítulo 23
O Sagrado Coração de Maria

Assim que terminaram as batalhas de Éfeso, o papa Sisto III mandou fazer uma reforma majestosa numa igreja de Roma e deu a ela o nome de basílica de Santa Maria Maior. Entre as igrejas da metade ocidental do mundo, é a mais antiga dedicada à mãe de Jesus, construída exatamente em cima de onde um dia esteve um templo pagão dedicado a Cibele, a deusa-mãe adorada pelos romanos.

O santuário chegou aos nossos tempos ainda mais suntuoso que antes, e guarda o que a tradição afirma ser um pedaço da manjedoura onde nasceu Jesus Cristo. Na época da construção, no século V, os cristãos estavam pouco a pouco se separando em seitas divergentes, de acordo com suas tradições e entendimentos sobre o que era ortodoxo, ou seja, correto, do ponto de vista da religião que nasceu das pregações de Jesus. E Maria continuava no centro das discussões.

Com o aval do concílio que havia declarado de uma vez por todas que a mãe de Jesus era a Mãe de Deus, a Igreja Católica Ortodoxa — principalmente a Igreja de Roma, que ainda não havia se separado das igrejas ortodoxas, suas irmãs do Norte da África e do Oriente Médio — associava sua imagem com a de Maria de maneira tão profunda que as duas jamais se separariam.

Muito mais tarde, pouco antes de abdicar de sua função de comandante da Igreja Católica, o papa Bento XVI dirá que, em certo sentido, Maria é a própria imagem da Igreja, pois, no momento em que recebe o anjo Gabriel, "quando ela avalia as palavras de Deus, tenta entendê-las em sua completude e guarda em sua memória as coisas que lhe foram oferecidas".[1] No entendimento do agora papa emérito, Maria é exatamente como a Igreja. Como observou o arcebispo brasileiro Murilo Krieger em seus escritos sobre Maria, ainda que a Bíblia cristã tenha reservado a ela um lugar "modesto, sempre em função de Cristo", coube à Igreja "continuar descobrindo o papel e a missão de Maria, 'meditando em seu corpo' tudo aquilo que lhe foi revelado".[2]

E assim, por obra dos homens que comandaram a Igreja, fossem eles padres ou imperadores, Maria foi ficando tão enorme que até mesmo alguns cristãos começaram a ver exageros e resolveram voltar atrás. Ainda nos anos 400, como nos relata o arcebispo Krieger, o teólogo santo Agostinho entendeu que Maria concebeu Jesus "antes de tudo no seu espírito e só depois em seu ventre", dando à mãe um papel antes espiritual do que humano.

As orações, os poemas e os hinos dedicados a Maria se multiplicaram, ao mesmo tempo que se multiplicaram também os templos, as esculturas e as pinturas dedicadas a ela. Surgiram, ainda separados em duas partes, os versos da oração "Ave-Maria".[3] E os imperadores, reis e poderosos, curvados ao cristianismo, pediram a seus artistas que lhes pintassem imagens grandiosas de Maria para adornar suas câmaras e salões palacianos.

No segundo milênio, o monge beneditino Anselmo de Cantuária elevou o tom da exaltação, dizendo que "não existe nada que possa se igualar a Maria", pois, nas palavras do bispo que virou santo, "Deus criou todas as coisas, e Maria gerou Deus".

Um pouco mais adiante, no século XII, Bernardo de Claraval, outro que vai merecer o título de santo, tentou explicar por que

Maria era constantemente comparada a uma estrela. "Porque assim como uma estrela emite seu raio sem se alterar, da mesma forma a Virgem deu à luz o filho sem ferir sua integridade." E, no mesmo sermão, o bispo Claraval destacou o papel que no futuro levaria os críticos a dizerem que os católicos estão adorando Maria como se ela fosse uma deusa. "Se contra ti insurgirem os ventos das tentações e se bateres contra as rochas das tribulações, olha para a estrela, invoca Maria!"

A mãe de Jesus, chamada Mãe de Deus, passou a ser vista cada vez mais como mediadora, como um caminho alternativo para que os fiéis pudessem obter graças e milagres, capaz de interceder junto ao filho como fizera em vida, ao pedir que ele transformasse água em vinho. "Nos perigos, nas angústias e nas incertezas, pensa em Maria, invoca Maria!", prosseguia o bispo Bernardo de Claraval.[4]

A base teológica da devoção popular que começara ainda nos tempos da imperatriz Pulquéria estava quase pronta. Os fiéis se sentiam cada vez mais próximos da mãe de Jesus, como se ela fosse mãe deles também.

Maria será, a partir de então, esculpida cada vez mais frequentemente com seu filho nos braços. Surgirão obras-primas, como a *Pietà*, de Michelangelo, e a belíssima *Anunciação*, de Leonardo da Vinci. Surgirão também obras simples, como a imagem de barro que foi jogada num rio e se transformou em Nossa Senhora Aparecida, o maior fenômeno da fé numa das maiores nações católicas do mundo, o Brasil.

A devoção ganhará proporções tão gigantescas que, para espanto dos devotos, surgirá oposição a Maria. Em parte, porque o cristianismo de alguns entenderá que a veneração à mãe confunde e atrapalha o entendimento do que seria o sentido verdadeiro da fé em Cristo. Em parte também porque a Igreja de Roma será sempre tão próxima de Maria, e dedicará tanto espaço a ela em suas igrejas e liturgias, que muitos dirão que as duas se confundem num único corpo, e dirão também que os católicos elevaram a mulher ao posto de deusa, o que só poderia caber a seu filho. E os adversários dos católicos também confundirão as coisas, atacando Maria como se os homens a tivessem transformado em algo maligno, repugnante, inaceitável.

Quando padres e teólogos europeus resolverem dar um "basta" e decidirem que será preciso fazer uma reforma para voltar ao tempo em que as Escrituras eram a única fonte de informações sobre a fé, Maria estará mais uma vez no centro da discussão que vai separar cristãos. E com tanta violência que irmãos se tornarão inimigos, deixando vísceras expostas até os nossos tempos.

Capítulo 24
Contra os católicos

Não foram padres, nem bispos, muito menos os futuros santos. Os primeiros homens a desafiarem em alto e bom som quase tudo o que os católicos e outros cristãos vinham fazendo havia mais de um milênio estavam na Universidade de Oxford, na Inglaterra. Dois séculos antes de Martinho Lutero e João Calvino divulgarem suas teorias e romperem ferozmente com o Vaticano, John Wycliffe e seus seguidores apresentaram contra a Igreja Católica argumentos tão desafiadores que sacudiram o mundo cristão.

Wycliffe entendia que a divindade espiritual ou temporal vinha unicamente de Deus e não de seus intermediários. Defendia que a Bíblia deveria ser interpretada em seu sentido estrito, sem influência de perspectivas históricas e, portanto, longe da influência dos papas, imperadores e outros homens que comandaram e continuavam no comando da Igreja. A Bíblia deveria ser a única fonte de consulta sobre os caminhos da fé.

Entre as muitas propostas reformistas de Wycliffe, uma — mais que uma proposta, uma afirmação — gritava bem alto: "A Igreja de Roma é a sinagoga do Satanás, e o papa não é o vigário próximo e imediato de Cristo e dos Apóstolos".[1]

É importante, no entanto, lembrar o contexto político dessa acusação violenta. A Inglaterra enfrentava mais de um século de crise com a Igreja de Roma, que exigia pagamento de uma fortuna anual e mantinha poderes antes inimagináveis sobre alguns reinos da Europa. Um século antes de Wycliffe, o rei João da Inglaterra chegou a se ajoelhar diante de um emissário do papa para evitar que seu reino fosse invadido.

Era a Idade Média, o tempo da Inquisição, que jogava os inimigos da Igreja no fogo. Tempo também de grande corrupção, quando, entre outros absurdos, alguns padres sequestravam crianças e as escondiam em seus mosteiros sem qualquer reclamação dos papas. E, quando o ódio aos católicos começou a ganhar força na Inglaterra, o Vaticano exigiu a submissão do rei, numa guerra de poder que se arrastaria por muitos anos.

Depois da morte de Wycliffe, seus seguidores, os Lollards, ampliaram o ataque, dizendo que a comunhão, "o suposto milagre do sacramento do pão, leva todos os homens, exceto alguns, à idolatria". E a dita idolatria, que incluía um velho costume de usar imagens de Maria ou de santos em rituais religiosos, ainda que não tivesse sido condenada por Jesus, havia sido proibida antes de sua chegada por um dos dez mandamentos que, segundo os judeus, foi ditado por Deus a Moisés. "Peregrinações, preces e ofertas feitas a cruzes ou crucifixos, e a imagens surdas, feitas de madeira ou pedra, são inclinadas à idolatria e distantes das almas", acusavam os Lollards.

Sem mencionar o nome de Maria, até porque seu mentor, John Wycliffe, considerava impossível "obter a recompensa do Céu sem a ajuda de Maria", os reformistas ingleses condenavam tudo o que os fiéis faziam em homenagem a homens que se tornaram santos, o que era praticamente o mesmo tipo de devoção que se fazia e se faz até o nosso tempo quando alguém agradece ou faz pedidos à mãe de Jesus. Wycliffe e os Lollards abriram caminho para a grande reforma que viria menos de dois séculos depois, e mesmo que não tenham planejado, os reformistas de Oxford começaram a apresentar os argumentos que serviriam de base para uma enorme onda de ataques à mãe de Jesus.

CAPÍTULO 25
CONTRA MARIA?

DOIS PROBLEMAS FINANCEIROS gravíssimos preocupavam o cardeal Alberto. O primeiro era uma dívida pessoal altíssima que o homem que era considerado substituto do papa ao norte de Roma fizera para pagar os custos da vestimenta luxuosíssima que usara em sua posse. O segundo problema era do Vaticano. O papa Leão precisava de muito dinheiro para construir a basílica de São Pedro, e o cardeal de Mainz, na Alemanha, faria o possível para ajudar. A solução encontrada pelo cardeal, com consentimento do papa, foi publicada num conjunto de instruções que deveriam ser seguidas por todos os clérigos que estivessem sob as ordens de *Herr* Alberto.

"Ainda que nada seja precioso o suficiente para ser dado em troca de tal graça — já que ela é um presente de Deus e uma graça não tem preço [...] os confessores [os padres] devem perguntar a eles [os fiéis] qual o tamanho da contribuição, em dinheiro ou em outros bens temporais, que eles gostariam de dar, em boa consciência, para que sejam apresentados a este método de total remissão [de pecados] e privilégios. E isso deve ser feito de forma que eles sejam mais facilmente induzidos a contribuir."

Metade do dinheiro serviria para que o cardeal pagasse suas dívidas. A outra metade ajudaria na obra da basílica de São Pedro, no Vaticano. E a tabela de preços para que os católicos pudessem comprar o perdão de Deus vinha logo em seguida. Bispos, reis e seus parentes deveriam pagar 25 moedas de ouro; abades, condes, barões e outros com título de nobreza pagariam dez moedas; pessoas menos nobres e padres, seis; cidadãos comuns, uma; e, por fim, os ainda mais pobres teriam que pagar o equivalente a meia moeda de ouro para terem o privilégio de serem perdoados por Deus.[1]

A prática conhecida como venda de indulgências se espalhou pela Alemanha e revoltou o reverendo Martinho Lutero. Seguindo o costume daquele tempo, em outubro de 1517, o reverendo resolveu pregar suas reclamações à porta da igreja do castelo de Wittenberg. Pensou que teria apoio do papa, mas o papa apoiava a ideia de que o perdão poderia ser vendido aos fiéis. Mais que isso, o papa Leão expulsou Lutero da Igreja Católica e proibiu a publicação de seus livros. Do lado da fé, quem mais sofreu as consequências dessa separação, que acabou levando à criação de novas Igrejas cristãs, foi Maria.

Sem jamais discutir a virgindade perpétua, Lutero, o mais importante entre os teóricos que reformaram o cristianismo e serviram como base para o surgimento das Igrejas chamadas protestantes, questionou dogmas e títulos atribuídos pela Igreja Católica à mãe de Jesus. Como conclui um estudo profundo feito pela historiadora americana Beth Kreitzer, "a rejeição a qualquer papel ou mérito na salvação humana em particular destruiu o culto a Maria" entre os protestantes.[2] A rejeição foi tamanha que muitos entendem até hoje que a veneração a Maria e o protestantismo são opostos que não se misturam, como água e azeite.

Lutero dizia que Maria era um exemplo a ser seguido pelos cristãos. Negava, no entanto, seu papel como mediadora, pois santo algum seria capaz de conversar com os humanos e fazer o caminho entre eles e Deus. Jesus Cristo, para Lutero, era o único mediador.

A discórdia surgia até mesmo na festa da Anunciação, em que os católicos comemoram, tradicionalmente no dia 25 de março, a aparição do anjo Gabriel, enviado de Deus para informar Maria sobre sua gravidez. Muito frequentemente os protestantes alemães chamavam a festa de "Concepção de Cristo", tirando importância de Maria de tal forma que, num de seus discursos sobre a Anunciação, Martinho Lutero nem sequer mencionou o nome dela ao falar do momento em que Jesus começou a ser gerado na barriga da mãe.[3]

Falar em Assunção de Maria era outro problema. Dizer que seu corpo havia sido elevado aos céus era algo tão sem sentido que não merecia considerações. "As Escrituras dizem claramente que Abraão, Isaac, Jacó e todos os fiéis vivem; portanto, é necessário que você acredite que a Mãe de Deus está viva, mas como isso aconteceu, devemos deixar com nosso Deus." Ou seja, Lutero acreditava que Maria está no céu, ao lado de Deus, mas não afirmava que ela foi "assunta" porque simplesmente não tinha uma prova confiável disso.

Num sermão, Lutero chegou a mencionar o episódio das Bodas de Caná, um dos mais importantes para os devotos de Maria, como uma prova de que é um erro pedir a Deus que atenda os pedidos dos fiéis no momento em que eles o estão pedindo. Quando Maria disse que acabara o vinho do casamento, a resposta de Jesus, segundo Lutero, foi dura, mostrando que "não existe na Terra autoridade maior que a de Deus". E assim Lutero dizia que Maria errou ao tentar impor sua vontade a Jesus, pedindo que ele intercedesse pelos noivos.[4] Lutero entendia que a veneração "exagerada" a Maria era uma forma de idolatria e não condizia com o que estava escrito na Bíblia cristã.

João Calvino, que surgiu algumas décadas depois com protestos parecidos, dizia que "se a Igreja Católica louva Maria como a Rainha dos Céus, isso é uma blasfêmia e contradiz sua própria intenção, pois *ela* é louvada, e não Deus".[5] Diferentemente de Lutero, Calvino condenava o uso da expressão Theotokos. "Dizer que a Virgem Maria é Mãe de Deus só serve para aumentar a ignorância deles [católicos] em suas superstições."[6]

Era de superstição, lembramos, a acusação que os primeiros cristãos faziam aos romanos seguidores dos deuses pagãos. E agora eram cristãos chamando cristãos de supersticiosos, justamente por cultuarem Maria.

As inúmeras Igrejas protestantes que surgiram na Europa no século XVI desenvolveram visões diferentes sobre o papel de Maria na fé cristã. O que se tornou consenso entre protestantes foi o entendimento de que Jesus Cristo, apenas ele, é suficiente para que se obtenha a salvação. Maria deveria ser vista não como mediadora ou como uma deusa-mãe, como disseram alguns críticos, mas como aquela que rejeitou a razão humana e acreditou quando o anjo lhe disse que, mesmo virgem, ela daria à luz um filho.

A crítica se aprofundou, e se tornou ainda mais espinhosa para os católicos, quando os pastores protestantes começaram a questionar até mesmo a validade da oração ensinada desde cedo às crianças, a "Ave-Maria". "Ora, Maria não estava cheia de graça coisa alguma!", gritaram alguns protestantes, em palavras muito parecidas com essas e em inúmeros sermões. A prece leva as pessoas a procurarem a mãe de Jesus em momentos difíceis, prosseguia a crítica, mas apenas Cristo pode nos dar graça e nos fazer sagrados.

Em outras palavras, "Deus foi quem mostrou graça a Maria, e ela não conquistou ou mereceu essa graça através de nenhuma de suas virtudes", disseram teóricos protestantes importantes, afirmando que todos encontram graça com Deus através da fé em Cristo. "Somos tão sagrados quanto Maria", concluíram.[7]

Os primeiros protestantes acusavam os padres católicos de conduzirem os fiéis pelo caminho errado, fazendo com que acreditassem, erroneamente, que Maria tinha lugar ao lado de Cristo.

Era preciso então uma reinterpretação do belíssimo episódio das Bodas de Caná? O pedido de Maria para que Jesus transformasse água em vinho durante o casamento não carregava todo o simbolismo em que os católicos acreditam? Não houve uma intercessão? Rezar a oração da "Ave-Maria" não deveria ser uma forma de fazer pedidos a Deus? Rezar aos pés de uma santinha de barro ou de madeira não adiantaria de nada para quem pretendesse se comunicar com o Salvador? Maria não poderia obter milagres? Enfim, o catolicismo estava errado?

"Amaldiçoados sejam todos aqueles que invocam criaturas e falsamente interpretam a palavra de Deus para confirmar suas abomináveis idolatrias, com grande prejuízo para o Filho de Deus, com grande insulto à santíssima Virgem Maria, e com certa perda para a salvação de suas almas", bradou o dinamarquês Niels Hemmingsen, ainda no século XVI, num dos primeiros grandes momentos de combate explícito à adoração a Maria.[8] Mas não nos precipitemos em pensar que apenas Hemmingsen falava com tamanha dureza. Tal pensamento atravessará os séculos, ganhará ainda mais força quando o Vaticano declarar o dogma da Imaculada Conceição, voltará à tona quando o Vaticano declarar o dogma da Assunção de Maria, e chegará intacto, ou em alguns casos ainda mais forte, ao século XXI.

Sobre a Imaculada Conceição, Lutero disse que Maria foi gerada "pelos meios normais de um pai e uma mãe", mas logo em seguida afirmou que ela foi purificada e que "do primeiro momento em que começou a viver, ela estava livre de qualquer pecado".

Maria dividirá os cristãos para sempre. Ou pelo menos até que algo tão marcante quanto a Reforma do século XVI ganhe corpo e transforme o cristianismo tão profundamente outra vez. O que até agora, meio milênio depois, não aconteceu.

As diversas Igrejas protestantes interpretarão de maneiras diferentes o papel de Maria, mas sempre distante dos altares. Muito longe de qualquer papel que possa também ser atribuído a Jesus Cristo. E muitos protestantes viram, e continuarão vendo, no ataque a Maria uma forma de atacar a Igreja Católica, considerada por muitos deles, desde então, um mal a ser combatido.

Entre os muitos exemplos que chegaram às vias de fato, podemos citar os chutes de um pastor em uma imagem de Nossa Senhora Aparecida, ao vivo na televisão brasileira, em 1995. Ou, muito mais grave do ponto de vista católico, o ataque à imagem original, em 1978, quando um fanático entrou na basílica de Aparecida e quebrou a santinha de barro em mais de duzentos pedaços. A Igreja optou por não apresentar queixas contra o agressor.

Nos tempos dos primeiros reformistas — ou renovadores — era diferente. O Vaticano condenou à morte os seguidores de John Wycliffe e jogou muitos deles na fogueira ou na prisão. Condenou também Calvino e Lutero ao mesmo tempo que resolveu aprofundar aquilo que separava os católicos de seus irmãos protestantes.

No Concílio de Trento, que se arrastou por duas décadas antes de terminar, em 1563, os bispos reafirmaram a doutrina católica, não condenaram a venda de indulgências e fizeram uma declaração forte em defesa do culto a Maria e outros santos. Padres e bispos deveriam ensinar aos fiéis "sobre a intercessão de santos, a invocação de santos, a honra prestada às relíquias [normalmente, os restos mortais ou objetos que pertenceram aos santos] e o uso legal de imagens", pois, seguia o texto de uma das últimas reuniões do Concílio, "é bom e útil recorrer às preces, à ajuda e ao socorro deles [os santos] para obter os benefícios de Deus através de seu filho".

Uma das decisões mais importantes dos poderosos da Igreja Católica como parte da estratégia de expansão e retomada de fiéis perdidos para as igrejas protestantes foi a de ocupar em definitivo as terras que acabavam de ser colonizadas pelos navegadores europeus — principalmente, a América. Decididos a conquistar as almas dos povos nativos, os padres católicos entenderam que seria conveniente levar com eles milhares de imagens e uma enorme veneração àquela a quem carinhosamente começavam a chamar de Nossa Senhora.

De certa forma, foi por causa dos protestos surgidos no movimento de Reforma, e também da crítica aos supostos excessos no culto a Maria na Europa, que a mãe de Jesus acabou conquistando os corações das nações que começavam a nascer no continente americano. E de uma forma ainda mais apaixonada que antes.

Maria do mundo

Capítulo 26
Não estou aqui,
eu que sou sua mãe?

QUANTAS VEZES SERIA preciso dizer ao bispo que a Virgem Santíssima lhe havia aparecido em carne e osso no alto do morro? Se os passarinhos cantavam com uma beleza inimaginável, como nunca haviam cantado antes, e se a montanha respondia, não eram sinais suficientes? E se, depois disso, Maria houvesse chamado Juan Diego pelo diminutivo carinhoso de Juanito, pedindo que ele se aproximasse, não bastava para convencer o bispo?

Foi depois de uma noite em claro, no amanhecer de sábado, no morro de Tepeyac, o lugar onde até a chegada devastadora dos espanhóis os índios astecas mantinham um de seus santuários mais importantes, dedicado a Tonantzin, que para eles era a mãe de todos os deuses.[1]

O relato mais antigo sobre a aparição de Nossa Senhora de Guadalupe, pelo menos aquele que sobreviveu ao tempo, foi redigido em 1649, supostamente inspirado em textos mais antigos que se perderam, contemporâneos do que a tradição católica mexicana afirma terem sido os encontros de Juan Diego com a Virgem Maria, em dezembro de 1531.

Depois daquela noite sem dormir, quando ouviu a voz de Maria, o índio subiu os quarenta metros que o separavam do alto do morro

Tepeyac e ali em cima teve uma visão do paraíso. A mulher de quem Juan Diego ouvira falar nas missas, naqueles sete anos desde que abandonara sua religião indígena e à força se convertera ao catolicismo dos espanhóis... A mulher que conhecera nos cultos que inicialmente frequentava por obrigação, com medo de ser punido, pois bem... Aquela mulher de quem o padre tanto falava agora lhe aparecia em roupas radiantes como o sol, cercada de cores que pareciam vir de pedras preciosas, fazendo a terra reluzir como um arco-íris. Os cactos ao redor pareciam esmeraldas, e seus espinhos brilhavam como ouro.

O que se conta é que Juan Diego se curvou diante daquela aparição de Maria e escutou sua voz, suave e gentil.

— Juanito, o menor dos meus filhos, aonde você vai?

— Minha Senhora e Menina — respondeu Juan —, tenho que chegar à sua casa em Tlatilolco, para seguir as coisas divinas que nos ensinam nossos sacerdotes, delegados de Nosso Senhor.

Segundo os relatos de 1649, aquela aparição de Maria, que futuramente seria famosa como Nossa Senhora de Guadalupe, fez uma declaração ampla sobre sua importância dentro da teologia católica e, em seguida, fez um pedido.

— Saiba e entenda, você, o menor dos meus filhos, que sou a sempre Virgem Santa Maria, Mãe do verdadeiro Deus por quem se vive. Desejo intensamente que se construa neste lugar um templo para mim, para nele demonstrar e dar todo o meu amor e minha compaixão, auxílio e defesa, pois eu sou a sua mãe piedosa, a você, a todos vocês moradores desta terra e aos outros que me invoquem e confiem em mim, para ouvir ali seus lamentos e remediar todas as suas misérias, tristezas e dores.

A primeira aparição de Maria no continente que acabava de ser conquistado por espanhóis e portugueses termina com uma ordem a Juan Diego, o índio que, a história praticamente esquece, era mais conhecido pelo seu nome nativo de Cuauhtlatoatzin.

— Vá ao palácio do bispo do México e diga que eu te enviei para manifestar-lhe o que desejo muito, que aqui neste terreno me construam um templo. Você deve contar a ele exatamente o que viu e admirou, e o que ouviu. Tenha certeza de que lhe agradecerei bem e pagarei, porque lhe farei feliz e você merecerá muito que eu lhe recompense o trabalho e o esforço com que vai fazer cumprir minha encomenda.

Naquele momento, como se, simbolicamente, todos os índios do México se curvassem à religião dos espanhóis, o índio Cuauhtlatoatzin, eternizado pelo nome que aos cinquenta anos ganhou dos conquistadores de sua terra, Juan Diego, se curvou diante da aparição de Maria se declarando seu servo e prometendo cumprir aquela ordem.

Foi então que Juan Diego se apresentou novamente aos guardiões do palácio do bispo espanhol Juan de Zumárraga e, depois de longa espera, conseguiu ser ouvido.

Mas antes, apresentemos o bispo.

Zumárraga não era flor que se cheirasse. Conhecido por suas ações devastadoras da cultura asteca, com ordens para destruição de santuários, templos e relíquias sagradas, um homem de olhos fechados (ou talvez abertos) à tortura e ao extermínio que seus conterrâneos impunham aos nativos da Nova Espanha, o lugar que futuramente se chamaria México. Certamente, o todo-poderoso que finalmente aceitara receber Juan Diego não mantinha os índios em sua mais alta conta e estima.

Portanto, diante de tal homem, e de tamanha autoridade, o índio camponês se curvou. De joelhos, disse tudo o que lhe havia sido encomendado naquela conversa no alto do Tepeyac. Mas o bispo não se interessou pela história, e lhe disse para voltar outro dia.

Pouco depois, em seu segundo encontro com Maria, o índio lhe explicou que o bispo não acreditara em suas palavras e pediu que ela escolhesse outro emissário, pois ele, "um homenzinho simples, uma escadazinha de tábuas", jamais seria ouvido. Maria, no entanto, não aceitava outro mensageiro que não fosse o pequeno Juan Diego.

— Diga-lhe outra vez que eu, em pessoa, a sempre Virgem Santa Maria, Mãe de Deus, o envio.

No dia seguinte, um domingo, depois de assistir à missa, às dez da manhã, Juan Diego voltou ao palácio do bispo, mais uma vez esperou, e mais uma vez se ajoelhou. Só que, dessa vez, chorou e respondeu chorando às perguntas do bispo. Ao final de um longo inquérito, o bispo Zumárraga continuou duvidando daquele homenzinho e exigiu que ele trouxesse um sinal, algo concreto que provasse que aquela aparição não era loucura ou invenção. O bispo desconfiado mandou que alguns de seus homens seguissem Juan Diego pelas ruas.

Quando chegaram perto do morro Tepeyac, os homens de confiança do bispo perderam o índio de vista, e voltaram revoltados, acusando-o de inventar aquela história toda, que segundo eles não passava de um sonho, e pedindo ao bispo que o castigasse caso voltasse ao palácio.

Juan Diego já estava no alto do morro, mais uma vez a sós com o que acreditava ser a aparição de Maria. Ao saber da desconfiança do bispo, a mulher que lhe falava mandou que o índio voltasse ao morro no dia seguinte, quando, enfim, obteria o sinal exigido.

O problema, segue o relato oficial de 1649, foi que, na segunda-feira, o tio de Juan Diego apareceu doente, tomado pela peste, à beira da morte. Chamou um médico mas, conta-se, foi informado de que remédio nenhum resolveria seu problema pois a doença havia avançado demais para ser curada. Na terça-feira, Juan Diego saiu de casa atrás de um sacerdote que pudesse dar a unção dos enfermos a seu tio moribundo. Quando estava a caminho da igreja,

Juan Diego se desviou do caminho para que Maria, do alto do morro Tepeyac, não o visse passando apressado. Afinal, na cabeça atordoada de Juan Diego, naquele momento, o sacerdote teria mais condições de ajudá-lo do que aquela que dizia ser a mãe de Jesus. Maria, no entanto, desceu do morro e questionou Juan Diego.

— O que aconteceu com você, menor dos meus filhos? Aonde você vai?

Conta-se que Juan Diego ficou envergonhado, ou assustado, lhe contou da doença do tio e prometeu voltar no dia seguinte para tratar da encomenda que a Senhora lhe fizera dias antes. Foi quando a aparição disse as palavras que entrariam para a história, com tamanha força e convicção que praticamente resumiriam o sentimento dos católicos diante da mãe de Jesus Cristo.

— Escute e entenda, menor dos meus filhos! O que lhe assusta e aflige não é nada. Não tenha medo dessa doença, nem de nenhuma outra doença e angústia. Não estou aqui, eu que sou sua mãe? Você não está na minha sombra? Não sou eu a sua saúde? Por acaso você não está no meu colo? Do que mais você precisa?

Maria pediu que Juan Diego não se preocupasse mais com a saúde do tio pois ele não morreria naquele momento, e tampouco morreria por causa daquela doença. Era um milagre, que mais tarde se confirmaria, no momento em que Juan Diego descobrisse que o tio já não estava doente.

Maria mandou que Juan Diego subisse mais uma vez o morro, indo ao mesmo lugar onde haviam se encontrado outras vezes. No alto do Tepeyac, ele deveria recolher algumas flores e logo voltar para entregá-las a Maria.

Lá em cima, no entanto, Juan Diego se surpreendeu ao ver rosas que haviam brotado antes do tempo e num lugar onde não costumavam crescer, parecendo pérolas rosadas, com um cheiro maravilhoso de orvalho. Depois de colher algumas, Juan Diego desceu o morro e as entregou a Maria, que pegou as flores e jogou no colo do índio, dizendo:

— Ordeno-lhe rigorosamente que só diante do bispo você abra seu manto e descubra o que está carregando.

Mais uma vez, Juan Diego teve problemas para entrar no palácio e se encontrar com o bispo. Os funcionários fingiram que não o viram nem ouviram, e o deixaram esperando por um longo tempo. Enfim, como o homem não desistia, os funcionários do bispo resolveram ver, afinal, o que ele trazia escondido no manto. Perceberam que eram rosas muito bonitas, e nascidas fora de época. Tentaram roubá-las, mas a cada vez que pegavam uma flor ela desaparecia e se transformava em pintura ou costura no manto de Juan Diego. O bispo foi informado daqueles acontecimentos sobrenaturais e mandou o homenzinho entrar.

Juan Diego contou tudo o que havia acontecido naquela terça-feira e abriu seu manto para que o bispo recebesse as flores enviadas por Maria. Ainda segundo o relato oficial de 1649, quando ele jogou o manto no chão, as flores se espalharam e "apareceu de repente a preciosa imagem da sempre Virgem Santa Maria, Mãe de Deus, da maneira que está e se guarda hoje no templo de Tepeyac, que se chama de Guadalupe".

O texto segue contando que todos os que estavam na sala se ajoelharam e o bispo, em lágrimas, pediu desculpas a Maria por não haver acreditado antes. No dia seguinte, o bispo foi com Juan Diego ao alto do Tepeyac para que o índio mostrasse ao espanhol o lugar onde a mãe de Jesus queria que se construísse o templo.

Juan Diego cumpriu sua missão, pediu licença e voltou para casa. Queria saber do tio que deixara doente alguns dias antes. Ao encontrá-lo curado, Juan Diego contou tudo o que acontecera e ficou sabendo que Maria havia aparecido também ao tio, "da mesma forma como havia aparecido a seu sobrinho".[2] Os milagres foram divulgados e construiu-se a capela no alto do morro Tepeyac, onde ainda hoje existe uma pequena igreja relembrando a história que fundou o catolicismo nas Américas e fez do México uma das nações mais religiosas do mundo.

O relato oficial que nos permitiu contar em tantos detalhes esses acontecimentos que se misturam à história da conquista do México pelos espanhóis termina explicando que, depois da construção do templo, o manto de Juan Diego foi levado para lá e a população começou a fazer romarias para rezar, pedir e agradecer por novos milagres atribuídos a Nossa Senhora de Guadalupe.

"Muito maravilhava ao povo que [aquele manto onde se via a figura de Nossa Senhora de Guadalupe] houvesse aparecido por milagre divino, porque nenhuma pessoa deste mundo pintou sua preciosa imagem."

O manto foi colocado mais tarde numa grande igreja que foi construída ao longo de quase dois séculos e concluída em 1709. Desde 1976, no entanto, está no altar da Basílica de Guadalupe, uma obra ao mesmo tempo gigantesca e moderna, que lembra uma grande tenda azul e em nada se parece com as primeiras igrejas, que continuam a seu lado, num dos maiores santuários marianos do mundo.

Em 1945, o papa Pio XII determinou que Nossa Senhora de Guadalupe seria a padroeira das Américas. E, três décadas depois, quando se comemorava os 450 anos da aparição, o papa João Paulo II disse que Guadalupe era a "Imperatriz das Américas", pedindo que ela trouxesse "proteção a todas as nações do continente americano".

Nos dias 12 de dezembro, quando se comemora o milagre da transformação das flores em pintura no manto de Juan Diego Cuauhtlatoatzin, milhares e milhares de mexicanos viajam à Cidade do México e percorrem de joelhos o longo caminho que vai da rua lotada à basílica também lotada. Chegam para agradecer a Maria pelos milagres que, acreditam, ela continua operando em suas vidas muitas vezes pobres e tristes, num dos países mais violentos do mundo.

CAPÍTULO 27
OUTRAS FACES DE MARIA

Os ACONTECIMENTOS EXTRAORDINÁRIOS de Guadalupe foram os primeiros dessa natureza na história moderna do catolicismo — ou seja, desde que os europeus começaram a explorar o Novo Mundo, mandando seus padres para catequizá-lo à força e ajudar *los conquistadores* em sua missão de tomar posse da América recém-descoberta. Depois de Guadalupe, no entanto, houve um grande vazio nas relações humanas com o que se acredita serem as aparições sobrenaturais da Virgem Maria. Milagres continuaram acontecendo aos montes, mas por quase trezentos anos não se falou de nenhuma aparição, pelo menos nenhuma que tenha sido devidamente documentada, testemunhada e reconhecida pela Igreja.

Terá sido consequência da Reforma Protestante com seus ataques ferozes à chamada "adoração de ídolos" e à presença "excessiva" de Maria na fé cristã? Terá sido por causa da Santa Inquisição, que espalhava o terror também entre cristãos e considerava qualquer fenômeno estranho à ortodoxia da Igreja como uma heresia, algo de origem diabólica, punível com a morte? Ou será possível imaginar que, diante de tantos horrores, numa época vergonhosa para os seguidores de Cristo, a própria Virgem tivesse achado por bem dar um tempo e aguardar o desenrolar dos acontecimentos humanos em silêncio?

Fato é que só depois que a Inquisição apagou suas fogueiras Maria foi vista outra vez entre os humanos. O papa Bento XIV (não confundir com Bento XVI) acabava de publicar um tratado estabelecendo critérios rigorosos de investigação para a aprovação de novas aparições. E foi esse novo ambiente que permitiu a oficialização daquilo que Catarina Labouré disse ter visto na noite de 18 de julho de 1830.

Conta-se que Catarina era uma jovem francesa de tão poucas qualidades intelectuais que era até ironizada por seus professores no colégio.[1] Mas era obstinada na ideia de ser freira. Recusou três casamentos e, depois de muita insistência, contrariando a vontade do pai, que a queria por perto, e da madre superiora, que a achava pouco qualificada, foi aceita como "postulante" no convento das Irmãs de Caridade, em Paris. Pouco depois, Catarina contou ter visto o coração de São Vicente de Paulo brilhando no lugar em que se guardavam algumas de suas relíquias.[2] E frequentemente dizia às irmãs que queria ver a Virgem Maria.

Diz-se que no agora famoso 18 de julho de 1830, Catarina viu um menino de quatro ou cinco anos de cabelos louros envolvido por uma luz dourada. O relato informa que ele chamou a freira à capela do convento dizendo que lá estaria a Virgem Maria, esperando por ela. Catarina ficou preocupada porque, no caminho escuro até a capela, poderia fazer algum barulho e acordar as freiras. E o menino, que tinha jeito de anjo, falou com palavras típicas de anjo:

— Não tema!

Catarina ficou impressionada ao ver que todas as velas da capela estavam acesas, mas não viu Maria.[3] Até que, à meia-noite, ouviu um ruído que parecia vir de uma saia de seda em movimento. Catarina relatou mais tarde ter visto "uma senhora" que parecia muito mais "uma dama de fino trato do que uma santa", sentada na cadeira do diretor do convento. Depois de alguma dúvida, acabou convencida e se atirou ajoelhada diante da imagem que lhe aparecera. Pelo que conta a história oficial, Maria começou a lhe falar. A conversa lembra um pouco a que teria acontecido três séculos antes no alto do morro Tepeyac, no México, misturando religião, política internacional e ordens que deveriam ser obedecidas sem contestação.

— Os tempos são maus — anunciou a aparição. — Desgraças vão cair sobre a França. O trono será derrubado — concluiu, prevendo ainda uma série de horrores que recairiam, inclusive, sobre aquele convento.

Supostamente com lágrimas nos olhos, Maria teria dito a Catarina:

— A cruz será tratada com desprezo, eles a derrubarão por terra e a calcarão aos pés. O sangue correrá.

Catarina teria sido orientada a relatar o teor da conversa ao diretor do convento. Foi alertada de que seria desmentida, mas deveria insistir.

Catarina Labouré relatou a história a um padre, mas ouviu dele que era preciso parar com ilusões e apenas seguir humildemente o exemplo de Maria. Como na história do indiozinho Juan Diego, a aparição veio acompanhada de grande desconfiança e desprezo da autoridade religiosa local, até que as palavras atribuídas à aparição de Maria se concretizaram.

Apenas oito dias depois, como previsto, o rei Carlos x perdeu o trono. As freiras começaram a acreditar em Catarina. E aí veio a segunda aparição, trazendo nas mãos uma espécie de escultura que Catarina descreveu como uma "uma esfera de ouro encimada por uma cruzinha dourada, que representa o mundo", e em seguida veio a ordem:

— Mande cunhar uma medalha com este modelo. Todos os que a usarem receberão grandes graças e devem trazê-la ao pescoço. As graças serão abundantes para os que a usarem com confiança —[4]

teria dito Maria, dando início a uma longa tradição católica de visitar o convento em Paris para comprar as medalhas que, disseram as freiras, tinham o poder de fazer conversões religiosas e curar doentes. Documentos oficiais afirmam que, até o ano da morte de Catarina, 1876, já haviam sido fabricadas e vendidas em todo o mundo mais de 1 bilhão de unidades da Medalha Milagrosa.

A casa onde Catarina Labouré morava virou um museu. A Medalha Milagrosa passou a ser homenageada com missa e ofício próprios na liturgia da Igreja Católica. Em 1933, descobriu-se que o corpo de Catarina havia se conservado intacto, "com os olhos ainda azuis", o que foi interpretado como mais uma prova de que a vidente havia sido escolhida por Deus.

Depois disso, a França, estremecida por problemas políticos gravíssimos, viu Maria aparecer mais uma vez em Salette, nos Alpes; em Pointman, na região da Bretanha; e, em Lourdes, nas encostas dos Pirineus, quase na fronteira com a Espanha.

Capítulo 28
Dezoito vezes Lourdes

A PRIMEIRA APARIÇÃO de Maria nos arredores do vilarejo pobre de Lourdes teve uma vidente e duas testemunhas, todas muito pobres e muito jovens. Bernarde-Marie Soubirous tinha catorze anos, não sabia ler ou escrever e passava fome. Foi buscar lenha com a irmã e uma amiga pensando em vender a madeira para fazer algum trocado e comprar pão. Enquanto tirava as meias para entrar numa gruta, Bernarde-Marie ouviu duas rajadas de vento. Mas como? Se as árvores não se mexiam... se não ventava...?

A menina voltou a ouvir o som da ventania.

Uma.

E outra vez.

Em seguida, de dentro da gruta, viu surgir uma luz, que descreveu como suave. No relato que faria mais tarde, Bernarde-Marie contaria que viu a Senhora "usando um vestido branco, uma guirlanda azul, e trazendo em cada um dos pés uma rosa amarela, da mesma cor de seu rosário". Maria, "uma linda moça", teria aparecido dentro daquela luz acenando para ela.

Bernarde-Marie entrou para a história como Bernadette, o apelido que as pessoas mais próximas usavam para se referir a ela. E o nome da amiga que a acompanhava naquele dia histórico era Joana Abadie. Mas veja só... que amiga.

Apesar dos pedidos de silêncio, Joana contou aos pais que viu Bernadette ajoelhada, em êxtase, na entrada da gruta. Disse que teve de sacudir a amiga para que ela saísse daquilo que os pais entenderam como um "transe", para que Bernadette enfim retomasse a consciência e contasse o que dizia ter visto e ouvido.

A notícia correu de boca em boca e a vidente foi tratada como louca. Foi proibida de voltar à gruta e apanhou da mãe "para que deixasse de ser mentirosa". Os padres da paróquia também não acreditaram na história.

Mas, alguns dias depois, contrariando os pais e os padres, Bernadette voltou à gruta de Massabielle. Dessa vez foi com nove meninas, nove testemunhas.

Rezou.

E voltou a ver Maria.

Mas a querida amiga Joana Abadie, a mesma que havia desfeito o segredo da primeira aparição, chamando Bernadette de maluca, agora estava disposta a matá-la por causa da suposta mentira. Do alto da gruta, fez rolar uma pedra que quase acertou Bernadette. A vidente, no entanto, nem sequer percebeu que fora vítima de um atentado. Estava em êxtase, longe deste nosso mundo. As amigas disseram que Bernadette sorria "para algo que ninguém mais via".

Mais tarde, Bernadette voltou outra vez à gruta de Massabielle, acompanhada agora de pessoas adultas, muitas delas religiosas, que rezavam enquanto a menina tentava se comunicar com a mãe de Jesus.

As testemunhas queriam provas e mandaram que Bernadette pedisse à aparição para escrever seu nome num papel. Era preciso que a menina perguntasse, pelo menos, o nome da mulher que lhe falava.

— Eu perguntei, mas ela disse que não era necessário [dizer] — explicou Bernadette, revelando as palavras que, supostamente, lhe foram ditas em seguida.

— Quer ter a bondade de vir aqui durante quinze dias? Não prometo fazê-la feliz neste mundo, mas no outro.

Não se sabe se ela foi convencida pela promessa de viver melhor em outro mundo, ou se apenas ficou curiosa diante de tamanha novidade, mas o que se conta é que Bernadette voltou à gruta. Para que não restassem dúvidas nem surgissem fofocas, foi acompanhada de mais de cem pessoas.

Quando foi pela quinta vez, eram mais de 8 mil testemunhas. E elas se acotovelavam na entrada da gruta, tentando ver alguma coisa daquele encontro que começara reservado e que, de uma hora para outra, se transformara num fenômeno religioso e sobrenatural de interesse para toda a França.

Como em outras aparições, o vigário foi um dos que mais suspeitaram da suposta comunicação de Bernadette com Maria. Resolveu chamar a polícia para prender a menina pobre, esfomeada e, agora, na visão de muita gente, completamente louca. Ou mentirosa. O delegado, estranhamente, resolveu fazer o inquérito em sua própria casa. Dizem que descreveu a menina como modesta, sincera e, também, incompreensível. Foi um encontro sem testemunhas.

Depois do segundo interrogatório, irritado, o delegado teria humilhado Bernadette e ordenado que ela não voltasse jamais à gruta de Massabielle porque, se o fizesse, seria presa. Mas havia uma multidão do lado de fora, vaiando o delegado e pedindo a libertação da suposta vidente. O circo estava armado. Bernadette era um fenômeno popular. E ai de quem dissesse que as aparições de Maria haviam sido inventadas!

Até que, na 13ª aparição, veio um recado para que Bernadette fosse relatar os novos acontecimentos aos padres e dizer a eles que o povo deveria ir à gruta em procissão. Só para testemunhar a visita de Bernadette ao padre Peyramale, foram 2 mil pessoas. Mas apenas duas a acompanharam durante a reunião: eram suas tias, expulsas da escola dos Filhos de Maria, alguns anos antes, pelo próprio padre Peyramale, porque tinham ficado grávidas antes do casamento.

Dias depois, o padre apresentou suas exigências. Queria que a aparição dissesse seu nome e fizesse florescer antes do tempo (como acontecera no alto do morro Tepeyac com o índio Juan Diego) justamente a roseira morta que havia na entrada da gruta. A ordem do padre foi transmitida à mulher que Bernadette chamava de "Aquero" (no dialeto local, "Aquela"). Mas não foi atendida.

Assim mesmo, a devoção na entrada da gruta era cada vez maior. Multidões acendiam velas diante da mata e apavoravam os policiais, que temiam por um incêndio. Dizem que os arredores de Massabielle brilhavam lindamente durante a noite. E muita gente começou a jogar dinheiro dentro da gruta, acreditando que isso lhes traria sorte.

Certo dia, Bernadette cavou um pequeno buraco e viu jorrar ali uma água barrenta, que ela bebeu e usou também para lavar o rosto. Começou a comer capim e arrancou gargalhadas dos céticos que se misturavam à multidão, gente que agora dizia ter certeza de que a moça estava delirando ou tentando enganar o mundo. Houve quem pedisse a prisão de Bernadette.

— Impostora! — disseram.

Foi preciso uma escolta para protegê-la da multidão enfurecida e levá-la de volta para casa.

No dia seguinte, em vez da água barrenta que Bernadette bebera, a fonte produzia água cristalina. Era a consequência natural da abertura de uma nova fonte subterrânea? Ou um fenômeno sobrenatural?

É importante lembrar que aquela região era famosa pelas fontes de água, mas que justamente em Lourdes não havia nenhuma até então. Uma mulher que tinha uma das mãos paralisada molhou-a naquela água e recuperou os movimentos. Era só o primeiro milagre na gruta da aparição, pois outros, a partir de então, viriam aos galões, com a mesma força da enxurrada que brotava da fonte de Bernadette. Pelas contas feitas na época, saíam dali aproximadamente 100 mil litros de água por dia.

Foi em 25 de março daquele ano de 1858, quando se comemorava a visita do anjo Gabriel a Maria anunciando que ela estava grávida de Jesus, foi exatamente no mesmo dia da Anunciação que o fenômeno — até então visto como não religioso pelos padres — ganhou definitivamente as cores de uma aparição de Maria. Bernadette chegou à gruta de Massabielle decidida a ouvir da boca daquela senhora, afinal, qual era seu nome. Pois era isso o que os padres exigiam para que reconhecessem os milagres. E era isso também o que muita gente ali queria saber.

— Senhora, quer ter a bondade de me dizer quem é, por favor? — Bernadette perguntou uma, duas, três vezes. Até que, depois de um sorriso, a Senhora respondeu, usando o dialeto *bigourdan* falado por Bernadette e por seus conterrâneos daquele pedaço do sul da França:

— *Que soy era Immaculada Councepciou.*

Bernadette foi da gruta até a casa do padre Peyramale repetindo as palavras que acabava de ouvir: eu sou a Imaculada Conceição... eu sou a Imaculada Conceição... e foram exatamente essas as palavras que deixaram o padre extasiado, impressionado, pois a aparição de Lourdes confirmava um dogma que era muito discutido pelos críticos da Igreja Católica e que, apenas quatro anos antes, havia sido oficializado pelo Vaticano: Maria, afirma o dogma, nasceu imaculada, ou seja, sem máculas, sem manchas. E assim, diferentemente dos outros humanos, a mãe de Jesus teria nascido livre do chamado pecado original, aquele que foi cometido por Adão e Eva ao desobedecerem as ordens de Deus, naquele ato inaceitável do ponto de vista divino e que, segundo a tradição judaica e cristã, expulsou a humanidade do paraíso e deixou de herança um fardo que, dizem, todos nós carregamos desde o dia do nosso nascimento.

Ao que tudo indica, não era algo que Bernadette conhecesse, em sua fome, miséria e ignorância. E o fato de que daquela boca simples e ingênua, habitante de um lugarejo praticamente isolado da civilização, saíssem palavras que tão veementemente confirmavam o dogma católico, sem dúvida — e isso era o que os padres agora afirmavam — era um sinal de Deus.

Foi um alvoroço tão grande em torno daquelas palavras mágicas que, na data prevista para a aparição seguinte, a gruta ficou lotada. E, depois disso, as autoridades francesas acharam por bem bloquear os acessos à gruta milagrosa, temendo uma epidemia de cólera causada pelo excesso de contato de uns fiéis com os outros naqueles metros quadrados sagrados.

Pouco depois, viria o que muitos veriam como mais uma confirmação de que Bernadette não estava ali para enganar ninguém. O filho do imperador Napoleão III, o príncipe imperial de apenas dois anos, apareceu com uma "insolação acompanhada de ameaça de meningite".[1] Foi borrifado com a água de Lourdes e, como num passe de mágica, se curou.

— Milagre — disseram os católicos franceses. — Mais um milagre de Nossa Senhora!

Os fiéis de Lourdes e da França inteira não tiveram a menor dúvida.

Em 1862, veio a aceitação definitiva da Igreja Católica, oficializada nas palavras do monsenhor Laurence, bispo de Tarbes:

— Julgamos que Maria Imaculada, Mãe de Deus, realmente apareceu a Bernadette Soubirous em 11 de fevereiro de 1858 e em dias subsequentes, dezoito vezes ao todo.

A devoção a Nossa Senhora de Lourdes estava autorizada. Muito em breve, um santuário começaria a ser construído ali.

E assim, prevendo a peregrinação em massa que de fato se vê até os nossos tempos, um magnata resolveu financiar a expansão da rede ferroviária até Lourdes, passando os trilhos pelo meio de sua propriedade, ainda que ele não fosse católico. O trem chegou. Chegaram também milhões de visitantes. E o dinheiro que faltava à região pobre de Lourdes viajou para lá em quantidades que lotariam os vagões do novo trem. Surgiu ali, na gruta onde Bernadette se ajoelhou e quase foi morta pela *mui* amiga Joana, o maior santuário de cura da história da Europa.

Capítulo 29
Uma nuvem na copa
da azinheira

Foi uma temporada fértil. Depois da aparição a Catarina Labouré, em Paris, e dos eventos acompanhados pela multidão que seguia Bernadette, em Lourdes, nunca o mundo ficou mais do que dezessete anos sem um acontecimento sobrenatural que, depois de alguma desconfiança dos religiosos, pudesse enfim ser oficializado como uma aparição de Maria. Mas a mais profética e misteriosa de todas elas aconteceu num dos países mais católicos entre todos, num momento em que padres eram perseguidos como diabos e assassinados como bois em frigoríficos.

No dia em que três crianças pobres viram a linda senhora numa "nuvem mais branca que a neve", Portugal vivia um tempo de horror, uma revolução popular que havia decapitado um rei e milhares de padres, fechado igrejas e praticamente transformado a religião católica num culto proibido. A tal ponto que, algumas vezes, cabeças e vísceras eram exibidas em praça pública para ameaçar os religiosos que ainda resistiam àquela onda de perseguições.

Fátima era um povoado pobre, bem longe de Lisboa. Não viu nem um terço do sangue que jorrou pelas ruas da capital, mas teve sua universidade e sua catedral fechadas naqueles dias violentos.

Lúcia de Jesus Rosa dos Santos era a mais velha das três crianças que viram a Senhora iluminada quando cuidavam de ovelhas, na propriedade conhecida como Chousa Velha. Ainda no ano de 1916, relataram que a tal nuvem mais branca que a neve se formara por diversas vezes, que de dentro dela surgira um menino que primeiro disse "não tema, sou o anjo da paz", e que, depois, se ajoelhou no chão, pedindo que rezassem com ele.[1] Pelo relato que Lúcia faria mais tarde, o anjo disse que os corações de Jesus e Maria estavam especialmente atentos àquelas três crianças.

Lúcia contou que, numa segunda aparição, aquele rapaz dissera que era o "anjo de Portugal" e pediu que aceitassem com submissão o sofrimento que Deus estava prestes a lhes destinar. Aquela imagem que Lúcia chamou de anjo apareceu às crianças ainda uma última vez, para depois desaparecer para sempre. Naquele último dia, elas perceberam que o menino Francisco via mas não ouvia as palavras do anjo.

No dia 13 de maio de 1917, as mesmas crianças voltaram a ter uma visão. Fazia sol, era meio-dia, e a moça lhes apareceu no alto de uma azinheira, uma árvore frutífera muito comum em Portugal, com os pés descalços e, de acordo com o relato de Lúcia, em cima de uma nuvem. Para quem conhece a imagem mais comum de Nossa Senhora de Fátima, foi assim que Lúcia disse ter visto Maria pela primeira vez: levitando acima de uma nuvem estacionada sobre a pequena azinheira.

Naquele dia, Lúcia tinha dez anos, Francisco, oito, e Jacinta, sete. A mulher na copa da azinheira disse às crianças que vinha do céu, e pediu que voltassem àquele mesmo lugar em todos os dias 13 dos meses seguintes, até outubro.

As crianças começaram, então, a fazer perguntas. Quiseram saber, primeiro, se todas elas iriam para o céu. Iriam, mas Francisco teria que rezar muitos rosários se quisesse chegar até lá. Depois,

Lúcia perguntou sobre duas amigas que haviam morrido. A aparição lhe respondeu que Maria das Neves estava no céu, mas que Amélia ficaria no Purgatório "até o fim do mundo". Lúcia contou que, no fim da conversa, as mãos daquela moça iluminada emitiram dois fachos de luz que lhes entraram no corpo e na alma, levando-as até Deus. Quando terminou de dizer o que queria, a aparição se desfez. Segundo as crianças:

— Fez-se um caminho para ela no firmamento, como se o céu se abrisse para recebê-la.

E assim foi.

A cada dia 13, uma nova aparição.

Quando foi escrever suas memórias, duas décadas depois, Lúcia teve que fazer alguns reparos no relato original porque, segundo ela, o medo de não ser compreendida a havia levado a simplificar algumas partes da história, ou omitir outras: por exemplo, o fato de que a aparição às vezes já as estava esperando no alto da azinheira, em cima de sua nuvem. As testemunhas, no entanto, não tiveram os mesmos privilégios das crianças videntes: muitas delas relataram ter visto apenas uma nuvem em cima da árvore, sem que houvesse uma mulher ali em cima.[2]

Na aparição de junho, sempre de acordo com o relato de Lúcia, Maria teria mostrado às crianças seu Coração Imaculado, aqui grafado com maiúscula, assim como outros termos religiosos, reproduzindo a grafia original de suas memórias. O Coração Imaculado lhes aparecera machucado por incontáveis espinhos, representando os incontáveis pecados cometidos pela humanidade e assim reafirmando a culpa daqueles que seguem os ensinamentos católicos.

Mas Lúcia resolveu, digamos, jogar duro com Maria. Perguntou-lhe se seria possível curar uma pessoa doente. E ouviu como resposta que "se ele for convertido, será curado ao longo deste ano". Quando Lúcia disse que as três crianças gostariam de serem levadas para o céu, Maria teria lhe respondido com um anúncio, que pode soar como um oráculo, assustador. Em breve levaria os pequenos Francisco e Jacinta, e deixaria apenas Lúcia viva por mais tempo, porque seria um desejo de Jesus que Lúcia servisse como veículo para tornar Maria mais conhecida e amada no mundo inteiro. Foi quando a aparição teria dito que, para salvar a alma dos pecadores, Deus queria "estabelecer no mundo a devoção a meu Imaculado Coração".

Era mais uma aparição que, como a de Lourdes, reafirmava o dogma da Imaculada Conceição de Maria, estabelecido algumas décadas antes pelo papa Pio IX, que ainda gerava muita discussão, principalmente com os protestantes, que criticavam a falta de base teológica para tal dogma.

Conforme conta Ingo Swann, em seu livro *As grandes aparições de Maria*, as notícias dos acontecimentos e mensagens da terceira aparição foram tratadas com ironia pelos jornais portugueses e provocaram fúria entre os revolucionários que queriam ver Portugal livre da Igreja e da monarquia. Aqueles que propagavam as mensagens reveladas pelas crianças de Fátima eram chamados de "idiotas supersticiosos" que provocavam "histeria e alucinação em massa".

Há quem critique o fato de que os detalhes da aparição de julho só foram revelados depois que os fatos supostamente previstos por Maria já haviam acontecido. Naquele dia, Maria teria revelado três segredos, quase todos relativos ao futuro político da humanidade. Assim como aconteceu na época, também aqui neste livro deixaremos os segredos para mais tarde, para o momento em que a cronologia nos permitir relatá-los.

Quando chegou a hora da quarta aparição, as crianças foram proibidas de sair de casa. Era 13 de agosto de 1917. Calcula-se que 18 mil pessoas se reuniram no local apontado pelas crianças, impacientes por causa da ausência dos videntes. Mas, ainda assim, no meio do agito das testemunhas inquietas, surgiu um clarão, testemunhado por todos. Dizem que o céu escureceu e uma nuvem se formou ao redor do tronco da árvore. Primeiro, branca, e depois, mudando de cor em cor até formar todos os tons do arco-íris. Conta-se que os milhares de pessoas que se reuniam em volta da árvore começaram a brilhar, até que, de repente, tudo voltou ao normal. Alguns dias depois, numa visita inesperada, quando as crianças estavam sozinhas no pasto, a aparição lhes teria prometido que iria curar algumas pessoas doentes.

Na data marcada para a quinta aparição, em setembro, as crianças voltaram à Cova da Iria. E foram acompanhadas de aproximadamente 30 mil pessoas que pediam a Lúcia que transmitisse à Senhora seus pedidos de interesse particular. Eram "súplicas de curas para filhos, maridos, esposas, para os que estavam na guerra, para tuberculosos", contaria Lúcia ao relatar os acontecimentos daquele dia histórico para a fé católica.

Ao meio-dia, o sol se apagou mais uma vez. Ficou tudo tão escuro que algumas pessoas relataram ter visto a lua e as estrelas, o que mais tarde os críticos diriam ter se tratado de um eclipse solar que a astronomia não registrou. Em seguida, viu-se uma bola luminosa se movimentando "do nascente para o poente", passando por cima da cabeça das pessoas e, por fim, repousando na direção das crianças videntes. E, diante da bola de luz, Lúcia gritou que estava vendo Maria. Os outros dois videntes também disseram ter visto a imagem. A multidão, no entanto, viu apenas uma nuvem branca envolver as crianças. Conta-se que não havia nuvens no céu, mas que, assim mesmo, começaram a cair flocos brancos brilhantes, que se desfaziam antes de tocar as pessoas ou o chão. Disseram que pareciam pétalas de rosa, ou cabelos de anjo, caindo do céu. Formou-se um arco-íris e a bola de luz seguiu pelo vale até desaparecer diante do sol. Foi uma grande notícia em Portugal, estampada quase um mês depois na primeira página do jornal O *Século*, com a manchete "Coisas espantosas! Como o sol bailou ao meio-dia em Fátima", acompanhada da foto das três crianças pastoras.

Conta-se em 70 mil — ou até 90 mil, dependendo da fonte — o número de pessoas que foram ver, em 13 de outubro de 1917, a última aparição pública daquela que viria a ser conhecida como Nossa Senhora de Fátima.

Era um dia terrível.

O céu nublado, preto, fez a multidão chegar à Cova da Iria com os guarda-chuvas abertos. A lama e a chuva insistente deixaram muita gente de mau humor. Fazia frio. E, ainda por cima, na hora marcada, nada aconteceu. Ou, pelo menos, ninguém viu. Só as três crianças videntes.

Lúcia, Francisco e Jacinta disseram ter recebido mensagens de Maria, mas pouca gente acreditou. Começaram os gritos. E as vaias.

— É fraude — diziam alguns.

— As crianças estão loucas — berravam outros.

Até que Lúcia apontou o dedo na direção do sol que, finalmente, aparecia por trás das nuvens. Fotografias tiradas pelos jornalistas que foram acompanhar o grande evento na Cova da Iria mostram os olhares deslumbrados em direção ao céu.

Conta-se que o sol começou a rodar, como se dançasse no céu. Até que, de repente, parou. Voltou a girar de novo. E de novo. As testemunhas disseram que foi um festival de cores, com cascatas de luzes e, diante de tamanho fenômeno, uma multidão de joelhos. Diz-se que depois disso o sol começou a "tremer" e chegou mais próximo da terra. Muita gente pensou que era o fim dos tempos. Instantes depois, no entanto, como das outras vezes, o sol voltou ao seu lugar e as nuvens sumiram.

O jornal *Ilustração Portuguesa* noticiou o fato em sua edição do dia 29 de outubro de 1917, reproduzindo o relato de dezenas de pessoas que disseram ter visto o fenômeno e de outras tantas que disseram não ter percebido nada de estranho, apenas o fato de que, de repente, a lama secou. O fenômeno celestial foi visto e documentado a quilômetros de distância, reforçando a crença daqueles que atribuíram mais um milagre à Senhora que cinco meses antes teria aparecido pela primeira vez a Lúcia, Francisco e Jacinta.

Disseram que a aparição havia previsto a morte dos dois videntes mais novinhos. E de fato não demorou muito até que eles morressem. Francisco morreu de gripe, em 1919, e Jacinta, com a mesma doença, no ano seguinte. Mais tarde, quando os corpos foram exumados, encontrou-se o de Jacinta intacto — lembrando o que acontecera na França com o corpo de Catarina Labouré, que muito tempo depois de morta tinha "os olhos ainda azuis".

Capítulo 30
Segredos e profecias

O Vaticano reconheceu as aparições de Fátima, mas a história continuou incompleta por mais de oitenta anos. Em 1941, com autorização do papa, Lúcia dos Santos, agora irmã Lúcia, resolveu contar uma parte do que, segundo ela, estava em segredo desde o dia 17 de julho de 1917, durante a terceira aparição. Em 1944, a freira vidente escreveu uma carta contando a parte que faltava, mas o Vaticano trancou o segredo a sete chaves e só no ano 2000 resolveu contar ao mundo o chamado Terceiro Segredo de Fátima.

Tudo o que se sabe sobre aquele dia está nos relatos da irmã Lúcia que, além de ter sido a única a falar em público sobre as aparições, foi a única que viveu para contar os chamados segredos. Portanto, resta-nos confiar em suas palavras como fonte para esse fenômeno sobrenatural atribuído veementemente, e por inúmeros papas, a uma aparição da mãe de Jesus às três crianças portuguesas. Em sua carta ao bispo de Leiria-Fátima, Lúcia dos Santos começou justificando o fato de que só muito tempo depois dos acontecimentos decidiu fazer a revelação. "O que é o segredo?", ela mesma lançou a pergunta na carta. "Parece-me que posso dizer, porque do Céu já tenho licença. Os representantes de Deus na Terra têm me autorizado a isso várias vezes, e em várias cartas."

Conforme o relato oficial, aberto a quem quiser ver nas páginas do Vaticano na internet,[1] Lúcia revelou que o primeiro segredo foi uma visão do inferno — o lugar para onde, não custa lembrar, Jesus teria descido depois de sua morte, conforme constou por muitos séculos no Credo dos Apóstolos e de muitos outros textos dos primeiros momentos do cristianismo. E, pelo que irmã Lúcia contou, não era um lugar muito agradável.

"Um grande mar de fogo que parecia estar debaixo da terra", descreveu a freira que, décadas mais tarde, seria transformada em santa. Naquele lugar, conforme as palavras do próprio Jesus, "o Filho do Homem enviará seus anjos e eles apanharão do seu Reino todos os escândalos e os que praticam a iniquidade e os lançarão na fornalha ardente. Ali haverá choro e ranger de dentes."[2] Portanto, havia fogo, demônios e almas, "como se fossem brasas transparentes e negras, ou bronzeadas com forma humana, que flutuavam no incêndio levadas pelas chamas que delas mesmas saíam", com nuvens de fumaça caindo para todos os lados. Irmã Lúcia descreveu ainda os gemidos de dor e desespero que horrorizavam as almas entregues ao lugar terrível onde os demônios assumiam a forma de animais espantosos. A descrição do destino terrível reservado aos pecadores terminou com uma expressão de alívio, quando a freira escreveu que, se não tivesse recebido da própria Maria a promessa de ser levada ao céu, teria morrido de susto e pavor. Então o Primeiro Segredo de Fátima era uma nova versão do velho inferno? Era um recado para que os humanos se convertessem ou fossem ter com o diabo? Como numa argumentação bem elaborada, depois de mostrar os riscos de uma conduta inadequada segundo os padrões católicos, a aparição apresentou a solução, um plano divino para salvar a humanidade, que passava por Maria. Pelo relato de irmã Lúcia, Maria lhe teria informado que Deus queria "estabelecer no mundo a devoção a meu Imaculado Coração".

O Segundo Segredo de Fátima misturava política e religião, em forma de profecia. "A guerra vai acabar, mas se não deixarem de ofender a Deus, no reinado de Pio XI começará outra pior." Depois de supostamente prever até o nome de um futuro papa, a aparição de Maria faz uma ameaça, uma exigência que deveria ser cumprida pelos homens para impedir um grande castigo divino.

Maria pedia "a consagração da Rússia a meu Imaculado Coração", explicando que se os pedidos fossem atendidos, "a Rússia se converterá e terão paz. Se não, [a Rússia] espalhará seus erros pelo mundo, promovendo guerras e perseguições à Igreja. Os bons serão martirizados; o Santo Padre terá muito o que sofrer". Por fim, depois de prever o que aconteceria pouco depois durante a Segunda Guerra Mundial, Maria teria dito que, no fim das contas, seu Imaculado Coração triunfaria. "O Santo Padre consagrar-me-á a Rússia, que se converterá, e será concedido ao mundo algum tempo de paz."

Céticos não acreditaram numa profecia revelada tanto tempo depois, ainda mais quando alguns dos fatos previstos já haviam acontecido e outros pareciam óbvios, como a aniquilação de países inteiros durante a terrível guerra.

Apesar de estar autorizada a contar as duas primeiras partes do segredo, ou os dois primeiros segredos, irmã Lúcia guardou o Terceiro Segredo de Fátima em sua memória por mais três anos, até que, depois de quase morrer do mesmo tipo de gripe que levara Francisco e Jacinta, resolveu fazer um novo relato, contando a última parte do mistério pela primeira vez.

O bispo de Leiria guardou o envelope com o Terceiro Segredo por treze anos, até que, em 1957, por fim, enviou-o ao Arquivo Secreto do Santo Ofício no Vaticano. Dois anos depois, o papa João XXIII recebeu o envelope lacrado mas resolveu esperar, e rezar, antes de revelar ao mundo o que havia naquela carta. E o envelope voltou ao Santo Ofício.

O papa seguinte, Paulo VI, abriu o envelope e conheceu o segredo em 1965, mas mandou arquivá-lo novamente. O papa João Paulo I morreu com apenas 33 dias de papado e nem sequer teve tempo de pensar no assunto.

Foi só depois de quase morrer num atentado, em 1981, que o papa João Paulo II pediu para ler a carta da irmã Lúcia. Recebeu a original, em português, e a versão em italiano feita por um tradutor oficial do Vaticano. Leu e, como fizeram seus antecessores, guardou. João Paulo II não revelou o Terceiro Segredo de Fátima, mas decidiu que ele seria divulgado futuramente. Em 1984, no entanto, bem antes da revelação, João Paulo II cumpriu o que se disse que havia sido pedido no Segundo Segredo.

Durante uma oração de tom fortemente político, pedindo a Deus que livrasse o mundo da guerra nuclear, do ódio e "de todo o gênero de injustiça na vida social, nacional e internacional", sem citar nominalmente a Rússia, consagrou o Imaculado Coração de Maria para sempre, a todos os homens, povos e nações, afirmando que aquele ato superava "todo o mal que o espírito das trevas é capaz de despertar no coração do homem e na sua história e que, de fato, despertou nos nossos tempos". E por fim, numa referência quase direta ao pedido feito à irmã Lúcia, o papa João Paulo II falou como se falasse diretamente com Maria.

"Ó Imaculado Coração! Ajudai-nos a vencer a ameaça do mal, que se enraíza tão facilmente nos corações dos homens de hoje e que, nos seus efeitos incomensuráveis, pesa já sobre a vida presente e parece fechar os caminhos do futuro!"

Diante de palavras tão contundentes, a irmã Lúcia se deu por satisfeita e disse que o ato do papa correspondia exatamente ao que Maria lhe havia pedido.

— Sim, [a consagração da Rússia] está feita tal como Nossa Senhora pediu, desde o dia 25 de março de 1984 — declarou, colocando um ponto final naquela parte do Segredo.

O Terceiro Segredo, no entanto, só foi revelado no Terceiro Milênio, pelo secretário de Estado do Vaticano, o cardeal Angelo Sodano, numa cerimônia em Fátima. Conforme o mundo ficaria sabendo naquele dia, nas palavras escritas de próprio punho em 1944, Lúcia dos Santos finalmente contou o que teria acontecido depois da revelação dos dois primeiros segredos. "Vimos ao lado esquerdo de Nossa Senhora, um pouco mais alto, um Anjo com uma espada de fogo na mão esquerda." A espada estava em chamas. E, segundo a irmã, essas chamas pareciam querer incendiar o mundo, mas eram apagadas pelo simples toque da mão de Maria. E o anjo teria dito: "Penitência, penitência, penitência!". Veio então uma luz muito forte, que irmã Lúcia entendeu como sendo o próprio Deus. E, nessa luz, ela teria visto um bispo vestido de branco que, as crianças pensaram, seria um papa. Segundo a visão, outros religiosos subiam uma montanha, onde havia uma grande cruz feita de troncos de árvore. O papa seguia na mesma direção mas, "antes de chegar aí, atravessou uma grande cidade meia [escrito assim mesmo] em ruínas, e meio trêmulo, com andar vacilante, acabrunhado de dor e pena, ia orando pelas almas dos cadáveres que encontrava pelo caminho". Seria o papa João Paulo II, depois de ser atingido por um tiro e quase morrer? O relato prossegue, dizendo que ao chegar ao topo da montanha o papa se ajoelhou diante da cruz e foi morto por "um grupo de soldados que lhe dispararam vários tiros e setas, e assim foram morrendo, uns trás outros, os bispos, sacerdotes e inúmeros outros religiosos". Era o fim da Igreja Católica? Um atentado contra a Igreja? O Terceiro Segredo termina com mais uma visão apocalíptica em que "dois anjos, cada um com um regador de cristal na mão, neles recolhiam o sangue dos mártires e com eles regavam as almas que se aproximavam de Deus".

O cardeal Sodano, porta-voz de João Paulo II na revelação daquele mistério, entendeu que a terceira parte do segredo era uma consequência do que havia sido previsto nas duas primeiras. "Se não, [a Rússia] espalhará os seus erros pelo mundo, promovendo guerras e perseguições à Igreja. Os bons serão martirizados, o Santo Padre terá muito que sofrer, várias nações serão aniquiladas." Em suas explicações, Angelo Sodano voltou ao tom político usado dezesseis anos antes pelo papa, dizendo que o Terceiro Segredo se referia, mais do que tudo, "à luta dos sistemas ateus contra a Igreja e os cristãos".

De acordo com o comentário do então cardeal Joseph Ratzinger, futuro papa Bento XVI e, depois da renúncia, papa emérito, "não é revelado nenhum grande mistério" no Terceiro Segredo de Fátima. Com suas qualidades de teólogo e escritor, Ratzinger explicou que o "coração" deve ser entendido no sentido bíblico da palavra, como o centro da existência humana, "uma confluência da razão, vontade, temperamento e sensibilidade, onde a pessoa encontra a sua unidade e orientação interior".

A parte mais importante do Terceiro Segredo, segundo o então cardeal, era a palavra "penitência" repetida três vezes seguidas, o que, segundo ele, indicaria a urgência de se penitenciar e se converter pela fé. Ratzinger tentou acabar com especulações de futurismo e disse que a imagem vista pelas crianças não deveria ser entendida como "um filme antecipado do futuro, do qual já nada se poderia mudar". Seria, antes de tudo, uma orientação divina para que os homens seguissem pelo melhor caminho. Por isso, concluiu Ratzinger, seria um erro afirmar que o autor do atentado de 13 de maio de 1981 contra o papa anterior era "um instrumento do plano divino".

Veio da própria Igreja, nas palavras do cardeal Sodano, a afirmação de que teria sido "a mão materna" de Maria o que fizera com que o tiro disparado contra o papa João Paulo II não lhe tirasse a vida. Ou seja, a própria Maria teria decidido mudar os rumos da profecia que fizera em Fátima e salvar o bom papa.

A bala que quase matou um dos líderes religiosos mais queridos de todos os tempos foi retirada de seu corpo e incorporada à coroa de ouro da imagem de Maria, no Santuário de Fátima, em Portugal.

A irmã Lúcia dos Santos morreu em 2005, aos 97 anos, depois de passar algum tempo sem audição e sem visão, no convento onde morou por quase sessenta anos, na cidade portuguesa de Coimbra.

Capítulo 31
Aparecida do Brasil

A DEVOÇÃO SEM PRECEDENTES que tomou conta dos católicos, principalmente da Europa e das Américas, fez de Maria o alvo preferencial daqueles que queriam atacar o Vaticano. Revivendo os tempos da Reforma protestante, o século XX testemunhou uma série de agressões e gestos de intolerância contra a mãe de Jesus e, mais do que tudo, contra imagens que a representavam. As agressões viraram quase rotina, e seguiram pelo começo do novo milênio.

A justificativa era antiga: a Bíblia judaica (os textos que os cristãos chamam de Antigo Testamento) é veemente contra o uso de imagens, consideradas uma forma de idolatria, como o velho paganismo praticado nos tempos romanos e condenado por todos — ainda que fosse muito mais uma disputa de dois milênios atrás do que dos nossos tempos. O fundamentalismo intolerante, no entanto, não quer apenas seguir seu próprio caminho mas também pretende impor aos outros aquilo em que acredita, sem qualquer chance de compreensão ou aceitação. Há, obviamente, uma disputa entre as diferentes linhas religiosas, e algumas pessoas mais afeitas às conquistas do que à espiritualidade tentam provar os intermináveis erros da religião que, por ser a que tem mais seguidores, é também aquela em que, mais facilmente, se encontram os telhados de vidro que dificilmente alguém não tem.

Recentemente, em Belo Oriente, Minas Gerais, uma mulher de nome Maria das Graças atacou uma imagem de Nossa Senhora da Piedade com golpes de enxada. Talvez tenha sido só um ataque de uma mulher enlouquecida, sem motivação religiosa, mas seguiu o mesmo padrão de outros, também recentes, como no domingo em que fanáticos invadiram a missa e deram pauladas na imagem da Nossa Senhora de Muxima, num centro de devoção a Maria em Angola, um dos maiores da África. E esses ataques colocam os intolerantes, que obviamente não são representantes dignos de suas religiões, em pé de igualdade com terroristas do Oriente Médio que, por exemplo, roubaram a imagem de Maria e esfaquearam a imagem de Jesus Cristo numa igreja em Maaloula, a poucos quilômetros de Damasco, a capital da Síria. Ou (que eles não nos ouçam porque podem vir cortar nossas cabeças) ao lado dos bárbaros do grupo que se autodenomina Estado Islâmico e mata cristãos apenas por serem cristãos e, entre outras coisas, "adorarem ídolos".

Um dos ataques mais profundos, um dos que acertaram em cheio o coração dos católicos que sentem como se Maria fosse sua mãe, aconteceu numa tarde chuvosa e de estranha ventania, na cidade que nasceu ao redor da imagenzinha de 36 centímetros que, de tão querida, se tornou a Padroeira do Brasil. O atentado foi cometido por um rapaz de dezenove anos, desequilibrado mental e, ao que tudo indica, incitado por um religioso que não gostava de santos. Quando falamos aqui em santos, para que fique bem claro, é no sentido brasileiro da palavra, que se refere às imagens como se fossem os próprios homens santos e mulheres santas que elas representam.

Pois o religioso que não gostava de santos fez a cabeça do rapaz que não tinha muito o que fazer da vida e que, depois de atacar um São José na cidade onde morava, no interior de São Paulo, resolveu atacar uma Nossa Senhora numa cidade que ficava a oitenta quilômetros dali. Não qualquer uma, a mais importante de todas as Nossas Senhoras da maior nação católica do mundo: a santinha Aparecida, que em 1717 três homens encontraram quando pescavam num rio para agradar a um governador que, mal sabiam eles, era um tremendo de um carniceiro, vindo de Portugal para botar ordem em terras sem lei e enforcar aqueles que julgasse necessário.

O ataque foi em 1978, quando a santinha já caminhava para os seus trezentos anos, com seu barro frágil e uma cabeça teimosa que vivia se descolando do corpo. Só que daquela vez não teria conserto. E a imagem de barro teve que passar por uma reforma tão complicada que foi como uma cirurgia plástica de reconstrução total do corpo e, principalmente, do lado direito do rosto daquela representação de Maria.

O barro que se quebrara fora preservado. A restauradora Maria Helena Chartuni precisou de dois tipos de cola e 33 dias para fazer uma nova massa e praticamente uma nova imagem aproveitando o máximo possível da santinha original. E depois disso? Nada. Aparecida continuou milagrosa como antes, pois, como disseram os padres, a imagenzinha é apenas uma forma que os católicos encontram para se aproximar de Maria. Uma representação simbólica tão poderosa, no entanto, que os milagres atribuídos a ela se contam aos milhares ou, mais do que isso, aos milhões.

Aparecida, por fim, não é uma aparição como as Nossas Senhoras de Lourdes, Fátima e tantas outras. É Aparecida porque apareceu numa rede de pesca e assim foi carinhosamente apelidada pelos brasileiros. Tem vida própria, e até biografia, mas ao olharem para ela, os brasileiros estão vendo o mesmo que pelo menos um terço do mundo, os mais de 2 bilhões de cristãos: a mulher que nasceu nas terras que os romanos chamavam de Palestina, seguidora da religião judaica, que deu à luz o homem mais importante da História, viveu dias de inferno quando ele foi preso, julgado e, por fim, condenado à morte pelo prefeito romano que lavou as mãos diante daqueles que mandavam no Templo, naquela sexta-feira sangrenta e inesquecível em Jerusalém.

E, certamente, os ortodoxos, sejam eles gregos, russos, turcos ou etíopes, e também os protestantes, que podem ser batistas, luteranos, evangélicos, pentecostais, neopentecostais, americanos, ingleses, alemães ou brasileiros, comungam de um amor semelhante ao dos católicos pela mãe daquele que praticamente todos os cristãos consideram o próprio Deus, a mulher que se transformou em exemplo de bondade, maternidade e, mais do que tudo, da palavra *mulher*.

NOTAS

INTRODUÇÃO

1 Lucas 1,46-49

2 Gálatas 4,4.

3 Mateus 1,19.

4 Há, segundo autores, uma sétima fala de Maria; mas se trata apenas de uma saudação.

5 João 2,3.

6 Lucas 1,42-56.

7 Lucas 1,38.

8 São tantos os agradecimentos que os padres franciscanos já não sabem mais onde escrever os nomes de mães que dizem ter vivido um milagre.

A VIDA DE MARIA

Capítulo 1 — O sacrifício em Jerusalém

1 Sobre os destinos de Tiago e Pedro, Atos 12. O destino do apóstolo Marcos faz parte da tradição da Igreja de Alexandria, que teria sido fundada por ele e que se transformou na atual Igreja Ortodoxa Copta (egípcia).

2 Karl Kautsky, *Foundations of Christianity*. Nova York: S. A. Russell, 1953, p. 19.

3 Em inglês, Western Wall. Em hebraico, לחוב (transliterado Kotel), simplesmente Muro.

4 As regras sobre como deve ser o sacrifício dos animais aparecem no Levítico 1.

5 A última vez que os Evangelhos se referem a José é quando Jesus tem doze anos e se perde dos pais na visita ao Templo.

6 Flávio Josefo, *Antiguidades judaicas*, Livro 18, 63: "Havia naquele tempo Jesus, um homem sábio"; e Livro 20, 200: "Trouxe diante dele o irmão de Jesus, a quem chamavam Cristo"; a palavra original, do grego é *Kristos*, que significa Messias.

7 Evangelho de Marcos 15,34.

8 Barrabás era acusado de sedição contra Roma e de ter matado um homem. Não se sabe se ele matou um judeu ou um soldado romano, o que faria dele um herói entre os judeus revoltados contra o poder de Roma. Por decisão dos romanos, sempre pensando na melhor forma de arrecadar seus impostos com a menor dor de cabeça possível, eram os sacerdotes locais que decidiam sobre as coisas da religião.

9 João 19,5.

10 Mateus 27,24.

11 Historiadores perguntarão, com razão: se Pilatos não considerava Jesus um criminoso, por que mandou darem chibatadas nas costas do inocente? Por que não o soltou, simplesmente, sem consultar o povo judeu que tanto lhe criava problemas? Historiadores questionarão também se, por acaso, não houve mudanças no texto ao longo do caminho, adaptando a história às necessidades do cristianismo, como, por exemplo, a de se aproximar de Roma quando um imperador romano finalmente se aproximou da Igreja, quase trezentos anos depois desta sexta-feira. E, de fato, haverá muitas dúvidas no decurso desse caminho longo e pedregoso.

12 Marcos 11,15-18.

13 Lucas 2,46.

14 João 19,26.

15 O Evangelho de João, o último a ser escrito, foi o único que notou a presença de Maria no momento em que os soldados romanos executavam a sentença de morte; é também o único que relata o diálogo com o discípulo, que a alguns estudiosos parece irreal, talvez uma verdade modificada para fazer de João o apóstolo preferido de Jesus.

16 Em Marcos 15,33, Mateus 27,45 e Lucas 23,44, a Terra escurece horas antes da morte de Jesus. João não faz referência.

Capítulo 2 — O inferno de cada um

1 Marcos 15,47.

2 "Gallican Creed", século VI, em Henry Bettenson, *Documents of the Christian Church*. Nova York: Oxford University Press, 1947, p. 35.

3 O Credo dos Apóstolos com a sua versão original em latim e em muitas outras línguas pode ser encontrado no site do Vaticano <www.vatican.va> sob o título "Symbolum Apostolicum".

4 Primeira Epístola de Pedro 3,19.

5 Primeira Epístola de Pedro 3,20. Na Bíblia de Jerusalém, há uma nota de rodapé a esse trecho da Epístola de Pedro que afirma que a referência aos "espíritos em prisão" é "alusão provável à descida de Cristo ao Hades"; é a mesma interpretação de estudiosos, baseada no fato de que pelos próximos trezentos anos os cristãos pregarão que o espírito de Jesus desceu ao inferno para cumprir sua missão antes de ressuscitar.

6 Primeira Epístola de Pedro 3,21.

7 Ireneu teria sido discípulo de Policarpo, discípulo do apóstolo João.

8 Henry Bettenson, op. cit., pp. 48-9.

9 O Credo dos Apóstolos, escrito pouco depois da crucificação, contém doze artigos que resumem a ortodoxia cristã. Dizia, em sua primeira versão, que, depois de ser "crucificado, morto e sepultado", Jesus "desceu ao inferno". É um texto ainda usado, mas com menos ênfase porque depois do Concílio de Niceia, em 325, houve mudanças importantes, entre elas a retirada da parte que mencionava o inferno. Mais uma vez, que fique claro que o inferno aqui não é o lugar onde se acredita que estaria o diabo

e sim um lugar provisório para as almas que precisam ser purificadas, equivalente ao limbo ou purgatório conforme conhecemos hoje.

10 Henry Bettenson, op. cit., p. 49, em referência às palavras de Rufino de Aquileia e Gregório de Nissa (os dois padres da Capadócia, atual Turquia, e defensores da ideia de que Deus pagou resgate ao diabo) e Gregório de Nazianzo (contrário à ideia).

11 Mateus 27,62-66.

12 Mateus 28,2.

Capítulo 3 — Os últimos passos de Maria

1 Atos 1,1-8.

2 Atos 1,18.

3 Todas as vezes em que os Evangelhos, escritos originalmente em grego, forem traduzidos com a palavra portuguesa irmão é porque o original dizia *adelfos* (αδελφός), que significa principalmente "irmão" mas que alguns estudiosos dirão que também pode significar "primo". No plural em grego, *adelfia* (αδέλφια).

4 Atos 5,1-10.

5 Atos 5,3.

6 Atos 5,9.

7 Atos 10,11-12.

8 Atos 10,13.

9 Mais adiante, depois que a decisão de dispensar os seguidores de Jesus de se submeterem à lei judaica for confirmada numa reunião dos apóstolos, Tiago determinará que sejam mantidas algumas regras: não cometer práticas sexuais proibidas (o adultério, a sodomia e o sexo com animais, entre outras); não comer animais que tenham sido usados em sacrifícios religiosos; e não comer "carnes sufocadas em sangue". Esta última restrição se referia aos animais mortos por sufocamento ou estrangulamento, o que mantinha o sangue dentro do corpo deles, considerado impuro pelos judeus. Essa determinação de Tiago gerou muita discussão, e gera até hoje, não sendo levada em conta pela maioria dos cristãos.

10 Atos 10,15.

11 Atos 11,26.

12 Epifânio, *Panarion*, Haer. 78.10-11, 23.

13 Ibid.

Capítulo 4 — Um poeta, um reverendo, uma freira e sua fantástica visão

1 Bula *Munificentissimus Deus*, publicada pelo Vaticano em 1º de novembro de 1950, assinada pelo papa Pio XII. Disponível em: <http://w2.vatican.va/content/pius-xii/pt/apost_constitutions/documents/hf_p-xii_apc_19501101_munificentissimus-deus.html>.

2 Declaração conjunta apresentada pela Anglican — Roman Catholic International Commission (Arcic) em 2 de fevereiro de 2004, com a observação de que o documento se baseava nas conclusões dos signatários e que, apesar de ter autorização para ser divulgado, ainda carecia de avaliação por parte do comando das duas Igrejas.

3 Ibid.

4 Textos retirados dos hinos Kontakion e Troparion, parte da liturgia da Igreja Ortodoxa; conforme encontrados no site da Orthodox Church in America <oca.org> e também na enciclopédia digital OrthodoxWiki <orthodoxwiki.org>.

5 Documento "A dormição da Mãe de Deus", de 25 de junho de 1997.

6 Carl E. Schmöger (org.), *The Life of Jesus Christ and Biblical Revelations: From the Visions of the Venerable Anne Catherine Emmerich*. Charlotte, NC: Tan Books, 2012.

7 Biografia de Anna Catherine Emmerich no site do Vaticano <www.vatican.va>.

Capítulo 5 — Os manuscritos da infância

1 Quando não especificadas, as referências ao Livro de Tiago estão em Ronald Hock, *The Infancy Gospels of James and Thomas: With Introduction*,

Note, and the Original Text Featuring the New Scholars Version Translation. Oregon, CA: Polebridge Press, 1995, pp. 33-77.

2　No Evangelho de Pseudo-Mateus, conforme encontrado no livro *The Lost Books of the Bible.* Disponível em: <http://www.sacred-texts.com/bib/lbob/lbob05.htm>.

3　Livro de Tiago 4,8-9.

4　Livro de Tiago, p. 41, n. 4.

5　Livro de Tiago 5,5-10.

6　O mesmo texto recebeu inúmeros títulos ao longo da história: Livro de Tiago, Protoevangelho de Tiago, Evangelho de Tiago, Evangelho da Infância segundo Tiago, Natividade de Maria e assim por diante. Optamos por Livro de Tiago por ter sido o título adotado por Orígenes, um dos primeiros teólogos do cristianismo, ainda entre os séculos II e III, sendo, portanto, um dos nomes mais antigos para o texto.

7　Nossa transcrição do manuscrito do Livro de Tiago é baseada no Papyrus Bodmer V, escrito originalmente em grego e guardado na Biblioteca Bodmeriana, em Colônia, Suíça. Foi publicado em 1958, por Michel Testuz, sob o título *Natividade de Maria.*

8　Tudo indica que o original em latim do Evangelho de Pseudo-Mateus foi redigido por Jerônimo, um padre teólogo que virou santo.

9　Levítico 15,19.

10　Levítico 15,24.

11　Livro de Tiago 8,4.

Capítulo 6 — A noiva prometida

1　Evangelho de Pseudo-Mateus, cap. 9. Disponível no site The Gnostic Society Library — Christian Apocrypha and Early Christian Literature: <http://gnosis.org/library/psudomat.htm>.

Capítulo 7 — O profeta e o oráculo

1　Isaías 1,4-5.

2 Isaías 1,11.

3 Isaías 1,13.

4 Isaías 1,19-20.

5 As ruínas da muralha de Ezequias estão expostas na Cidade Velha de Jerusalém, no caminho entre o Cardo, a rua do antigo mercado romano, e o Muro das Lamentações.

6 Flávio Josefo, *Antiguidades judaicas*, Livro 10, 2, 1.

7 2 Reis 20,1-11.

8 O povo do pequeno vilarejo de Nazaré sofria grande preconceito na mais "evoluída" Jerusalém. Na própria Bíblia o preconceito aparece, contra Jesus, nas palavras de Natanael: "De Nazaré pode sair algo de bom?" (Jo 1,46).

9 Lucas 4,16-19.

10 Lucas 4,30.

11 Atos 18,27-32.

12 Com algumas alterações geográficas, obviamente, Aram se tornará a Síria; e a Assíria o Iraque.

13 Acaz era pai de Ezequias, que o sucedeu no reino de Judá. Mais tarde, sob domínio romano, a região deixará de ser um reino e se chamará Judeia.

14 Isaías 7,14-15. Tradução da Bíblia de Jerusalém. Curioso notar, no entanto, que diversas edições da Bíblia cristã, inúmeras, inclusive, em inglês, adotaram a palavra *virgem* no lugar do original *jovem*, aparentemente permitindo que o texto no Novo Testamento alterasse o Antigo Testamento para tornar a profecia ainda mais parecida ao que se afirma ser o seu cumprimento. Estudiosos são categóricos ao dizer que o original hebraico *almah* ou *olmah* (dependendo da transliteração usada) não pode ser interpretado como "virgem". Há entre os cristãos uma corrente forte que defende que houve uma tradução do Antigo Testamento, anterior ao nascimento de Cristo, a chamada Bíblia Septuaginta (ou Setenta, porque teria sido traduzida do hebraico para o grego por aproximadamente setenta homens), que usa a palavra *virgem*. A autenticidade dessa Bíblia, no entanto, carece de provas, e é contestada por estudiosos.

15 A. S. Herbert, *The Book of the Prophet Isaiah 1-39*. Cambridge: Cambridge University Press, 1973.

16 Simon Sebag Montefiore, *Jerusalém: A biografia*. Trad. George Schlesinger e Berilo Vargas. São Paulo: Companhia das Letras, 2013, pp. 64-74.

17 Mateus 1,22-23.

Capítulo 8 — O cumprimento da profecia

1 Em inúmeras pinturas que retratam a Anunciação, Maria aparece com o Livro de Isaías nas mãos. A urna que aparece na pintura de Leonardo da Vinci teria sido inspirada no túmulo de Piero e Giovanni de Medici, que se encontra hoje na Basílica de San Lorenzo, em Florença. Ou seja, uma licença poética típica da arte sacra renascentista para misturar duas épocas e lugares completamente diferentes.

2 Mateus 1,23. Segundo Robert M. Price, em *The Pre-Nicene New Testament: Fifty-Four Formative Texts* (Salt Lake City, UT: Signature Books, 2006, p. 114), a concepção virgem de Jesus é uma interpretação puramente cristã do que está em Isaías 7,14, que, segundo a Bíblia de Jerusalém, é o seguinte: "Pois sabeis que o Senhor mesmo vos dará um sinal. Eis que a jovem está grávida e dará à luz um filho e dar-lhe-á o nome de Emanuel". Portanto, a tradução de Isaías para o português usa a palavra *jovem* no lugar que o Evangelho de Mateus entenderá como *virgem*, possivelmente por conta das traduções da época do hebraico para o grego, a língua em que todos os evangelhos foram escritos. Adicionando novos elementos à discussão, Orígenes de Alexandria, teórico do século III, cita um exemplo do Deuteronômio, livro do Antigo Testamento, em que a mesma palavra (*almah, olmah*) é usada para explicar uma lei judaica, que determina que "se uma donzela for virgem e prometida a um homem, e um homem a encontra na cidade e se deita com ela [...] vocês deverão apedrejá-los até que eles morram".

3 Lucas 1,28.

4 Joseph Ratzinger, papa Bento XVI, *Jesus of Nazareth*. Londres: Bloomsbury, 2007, p. 28.

5 Lucas 1,30.

6 "Faça-se em mim segundo tua palavra" está em Lucas 1,38. No Livro de Tiago, aquele que foi proibido, a história ganha muito mais detalhes, minúcias e floreios. "Certo dia, Maria pegou um cântaro e foi enchê-lo de água. Mas eis que ouviu uma voz. Era um anjo dizendo que ela estava 'cheia de graça', que 'o Senhor é convosco' e que 'bendita sois vós entre as mulheres'."

Capítulo 9 — Os perigos da gravidez

1 Peter Schäfer, *Jesus in the Talmud*. Princeton, NJ: Princeton University Press, 2007, p. 15.

2 Justino Mártir, *Diálogo com Trifão*, p. 117.

3 Até hoje é proibido aos judeus escrever no *shabat*.

4 O intervalo de tempo se baseia nos anos de vida do rabino Hisda, um mestre judeu na Babilônia, que é o autor de parte dos comentários que aparecem no Talmude e também do tal Pappos ben Yehuda, também citado no mesmo comentário.

5 O trecho pode ser encontrado no Talmude da Babilônia, no tratado Sabbath 104b. Há alguns sites que transcrevem o Talmude. Um deles: <http://www.come-and-hear.com/shabbath/shabbath_104.html>.

6 Bernhard Pick, *Jesus in the Talmud: His Personality, His Disciples and His Saying*. Chicago: The Open Court, 1913, introdução e capítulo 1.

7 Ibid., pp. 52-3.

8 É estarrecedor, portanto, que, nos dias de hoje, terroristas do grupo Estado Islâmico, ao divulgarem um vídeo em que exibiram o assassinato bárbaro de 21 cristãos egípcios, tenham justificado o ato, entre outras coisas, como uma vingança pelas Cruzadas, o movimento expansionista cristão que atacou ferozmente os muçulmanos na Terra Santa, entre os séculos XI e XIII.

9 O texto de Celsus se perdeu e só chegou ao nosso tempo porque aparece transcrito da defesa de Orígenes, no livro *Contra Celsum*.

10 Orígenes, *Contra Celsum*, Livro 1, cap. 32.

11 Ibid., Livro 1, caps. 32 e 33.

Capítulo 10 — Lacunas e contradições

1 Mateus 1,16.

2 Mateus 1,19.

3 Mateus 1,20.

4 Mateus 1,24-25. Esta frase do Evangelho de Mateus deixará margem para que alguns teóricos, Tertuliano entre eles, questionem a virgindade perpétua de Maria, afirmando que depois do parto de Jesus ela deixou de ser virgem.

5 Lucas 1,39.

6 Lucas 1,40-45.

7 Lucas 1,56.

Capítulo 11 — As luzes do parto

1 "The Saying of Jesus", em Robert M. Price, op. cit.

2 Henry Bettenson, op. cit., p. 48, em referência ao texto de Inácio, *Ad Ephesians*, 19.

3 O espírito que chorava, segundo o Evangelho de Pseudo-Mateus, era o povo judeu, que estaria triste por ter, depois do nascimento de Cristo, se afastado de Deus; o que estava alegre representava os povos não judeus, chamados de gentios, porque eles estariam a partir de então mais próximos de Deus, cumprindo a promessa de Abraão de que "todas as nações seriam abençoadas".

4 O Livro de Tiago foi proibido pelo Decreto Gelasiano, um texto atribuído ao papa Gelásio (492-496) que continha uma lista com livros que deveriam ser — e de fato foram — banidos pela Igreja Católica. Mais tarde, deixou de ser proibido e passou a ser aceito como uma leitura secundária. Ou seja: não é normativo para a Igreja mas serve como leitura.

5 Livro de Tiago 4,8-9.

6 Lucas 2,35.

7 Mateus 2,13.

Capítulo 12 — Adelfos

1 Mateus 1,25.

2 Lucas 2,7.

3 Números 3,40.

4 Mateus 12,46-50; 13,58.

5 Marcos 3,31-33.

6 Marcos 6,1-6.

7 João 2,12.

8 João 7,4.

9 João 7,5.

10 Flávio Josefo, *Antiguidades judaicas*, Livro 20, 9, 1.

Capítulo 13 — O milagre no casamento

1 João 2,1.

2 João 2,4. Na cruz, Jesus também se refere a Maria como "mulher"; ver João 19,26. Teólogos dirão que essa mudança de tratamento mostra que Maria agora faz parte da comunidade de seguidores do filho, é sua discípula. Mas também verão no pedido para que um discípulo olhe por ela uma manifestação de afeto de um filho para sua mãe.

3 Bíblia de Jerusalém, nota de rodapé h, sobre o verso João 2,4, e também Joseph Ratzinger, op. cit., p. 250.

4 João 2,5.

5 Joseph Ratzinger, op. cit., p. 250.

6 João 2,7.

7 João 2,10.

8 Uma outra forma de entender o casamento de Caná está nesta explicação que me foi dada pelo padre Élio Passeto, durante o processo de revisão deste livro: "Segundo a tradição judaica que era a tradição de Jesus, a relação de Israel com Deus era representada como o noivo (Deus) e a

noiva (Israel). E esta relação tem como finalidade testemunhar que o nome de Deus seja reconhecido entre todas as nações e que todos passem a fazer parte dessa família de Deus, representada por este noivado entre Deus e Israel. Este relato de João recupera esta simbologia onde o casamento vai se realizar. Maria é parte desta realidade: 'a mãe de Jesus estava lá'. Maria não foi convidada; poderíamos dizer que é Maria que promove este casamento, e a presença e ação de Jesus na festa provocam sua plenitude, incluindo toda a humanidade na mesma família de Deus."

9   João 2,19.

THEOTOKOS, A MÃE DE DEUS

Capítulo 14 — As fogueiras de Nero

1   Tácito, *Annales*, Livro xv, cap. 44.

2   Ibid.

3   "Athenagoras, Legatio pro Christianis, III", em Henry Bettenson, op. cit., pp. 4-5.

4   Tácito, *Annales*, Livro xv, cap. 44.

5   *The Letters of Pliny the Younger*, Kindle Edition, 3768-9.

Capítulo 15 — Em defesa da virgindade

1   Karl Kautsky, op. cit., p. 351.

2   Há diversas referências à entrada dos ricos na comunidade cristã nos séculos I e II; ver Karl Kautsky, op. cit., pp. 273-4.

3   Mateus 19,23-24.

4   Lucas 6,20.

5   Colossenses 3,22.

6 Mary Lesley Hazleton, *A Flesh-and-Blood Biography of the Virgin Mother*. Nova York: Bloomsbury, 2004.

7 Justino Mártir, *Diálogo com Trifão*, cap. c.

8 Santo Ireneu de Lyon, *Against Heresies*. [S.l.]: Ex Fontibus, 2010, Livro v, cap. xix, pp. 604-5.

9 Tradução livre a partir do inglês, em Tertuliano, *On the Flesh of Christ*, Kindle Edition, 794-6.

Capítulo 16 — Os deuses do imperador

1 Paul Stephenson, *Constantine: Unconquered Emperor, Christian Victor*. Londres: Quercus, 2009.

2 Ibid., p. 61.

Capítulo 17 — A virgem Pulquéria

1 No futuro, os historiadores chamarão esse império de Bizantino, pois Bizâncio era o nome antigo de Constantinopla. Mas na época dos fatos que narramos, era o Império Romano, apenas com a capital deslocada de Roma para Constantinopla.

2 Vasiliki Limberis, *Divine Heiress: The Virgin Mary and the Making of Christian Constantinople*. Nova York: Routledge, 1994, pp. 33-6. Ver Sócrates de Constantinopla, *História eclesiástica*.

3 Vasiliki Limberis, op. cit., p. 59.

4 Ibid., p. 58.

5 Nestório, *The Bazaar of Heracleides*, Kindle Edition, 1756-7.

6 Vasiliki Limberis, op. cit., p. 54; ver também John McGuckin, *Saint Cyril of Alexandria and His Christological Controversy: Its History, Theology, and Texts*. Nova York: St. Vladimir's Seminary Press, 2004, pp. 24-5.

Capítulo 18 — Theotokos

1 John McGuckin, op. cit., p. 27.

2 Ibid., p. 28.

3 Ibid., p. 71.

4 Philip Jenkins, *Jesus Wars: How Four Patriarchs, Three Queens, and Two Emperors Decided What Christians Would Believe for the Next 1,500 years.* Nova York: HarperOne, 2011, p. 1. [Ed. bras.: *Guerra Santa: Como 4 patriarcas, 3 rainhas e 2 imperadores decidiram em que os cristãos acreditariam pelos próximos 1.500 anos.* Trad. Carlos Szlak. São Paulo: LeYa, 2013.]

Capítulo 19 — Cirilo e a deusa virgem

1 Sócrates de Constantinopla, em John McGuckin, op. cit.

2 Paul Veyne, *Quando nosso mundo se tornou cristão (312-394)*. Trad. Marcos de Castro. Rio de Janeiro: Civilização Brasileira, 2010, p. 179.

3 John McGuckin, op. cit., p. 1.

4 Ibid., pp. 17-8.

5 Ibid., p. 19.

6 Ibid.

Capítulo 22 — A teimosia de Eutiques

1 Henry Bettenson, op. cit., pp. 71-2.

2 Este trecho é uma tradução livre das conclusões do Concílio de Calcedônia, feita a partir de "Council of Chalcedon, Actio v, Mansi vii. 116f", em Henry Bettenson, op. cit., p. 72.

Capítulo 23 — O Sagrado Coração de Maria

1 Joseph Ratzinger, op. cit., pp. 33-4.

2 Dom Murilo S. R. Krieger, scj, *Com Maria, a Mãe de Jesus*. São Paulo: Paulinas, 2001, p. 69.

3 Michael Pinchot, *Truth to Power: The Pope Has No Clothes*. [S.l.]: 1st Book Library, 2000.

4 Dom Murilo S. R. Krieger, scj, op. cit., pp. 72-85.

Capítulo 24 — Contra os católicos

1 Henry Bettenson, op. cit., pp. 247-8.

Capítulo 25 — Contra Maria?

1 "Instructions Issued by Albert of Mainz", em Henry Bettenson, op. cit., pp. 260-1.

2 Beth Kreitzer, *Reforming Mary: Changing Images of the Virgin Mary in Lutheran Sermons of the Sixteenth Century*. Oxford: Oxford University Press, 2004, p. 4.

3 Ibid., p. 28.

4 Ibid., p. 98.

5 João Calvino, "On Luke 1:46-50", *Harmony of the Evangelists*.

6 Idem, *Epistle ccc to the French Church in London*.

7 Beth Kreitzer, op. cit., p. 35.

8 Ibid., p. 34.

MARIA DO MUNDO

Capítulo 26 — Não estou aqui, eu que sou sua mãe?

1 Antonio Pompa y Pompa, *Album del IV Centenario Guadalupano*. México: Insigne y Nacional Basilica de Guadalupe, 1938, p. 14.

2 Ibid., p. 44.

Capítulo 27 — Outras faces de Maria

1 Ingo Swann, *As grandes aparições de Maria*. Trad. Bárbara Theoto Lambert. 4. ed. São Paulo: Paulinas, 2011.

2 Ibid.

3 Livreto "Catarina Labouré, a Santa do Silêncio", versão em português, coordenação de padre Hamilton José Naville, distribuído pela Igreja Católica em Paris, reedição de 2011.

4 Ibid.

Capítulo 28 — Dezoito vezes Lourdes

1 Ingo Swann, op. cit., p. 129.

Capítulo 29 — Uma nuvem na copa da azinheira

1 Marianna Bartold, *Fatima: The Signs and Secrets*. Lapeer, MI: KIC, 2014.

2 Ibid., p. 20.

Capítulo 30 — Segredos e profecias

1 Sob o título "A Mensagem de Fátima", o site do vaticano (www.vatican.va) apresenta a íntegra das cartas da irmã Lúcia.

2 Mateus 13, 41-43.

AGRADECIMENTOS

Aos queridos Rafael Souza, Marcos di Genova, Luis Petry e Maria Cristina de Godoi, que de diversas maneiras contribuíram para que eu escrevesse este livro.

Aos amigos Herbert Moraes e Richard Furst, por me apontarem alguns caminhos na Terra Santa.

Ao irmão Élio Passeto e ao frei Bruno Varriano pela gentileza de dividirem seus conhecimentos comigo.

A meus editores.

À minha mãe infalível.

E, sempre, à minha mulher, Ana Cristina, minha primeira leitora, e meus filhos, Hector, Rafo e Audrey, futuros leitores, pelo amor que, afinal, é minha maior fonte de inspiração.

Este livro, composto na fonte Fairfield,
foi impresso em papel Pamo 60 g/m², na gráfica Cromosete.
São Paulo, novembro de 2015.